John Dolan

George

Der Hund,
der mir das Leben rettete

John Dolan

George

Der Hund, der mir das Leben rettete

Aus dem Englischen
von Karl-Heinz Ebnet

C. Bertelsmann

Die Originalausgabe erschien 2014 unter dem Titel
»John & George. The Dog Who Changed My Life« im Verlag Century, London.

MIX
Papier aus verantwortungsvollen Quellen
FSC® C014496

Verlagsgruppe Random House FSC® N001967
Das für dieses Buch verwendete FSC®-zertifizierte Papier
Munken Premium Cream liefert
Arctic Paper Munkedals AB, Schweden.

1. Auflage

Umschlag: Buxdesign, München
Satz: Uhl + Massopust, Aalen
Druck und Bindung: GGP Media GmbH, Pößneck
Printed in Germany
ISBN 978-3-570-10254-1

www.cbertelsmann.de

In liebender Erinnerung
an Gerry und Dot Ryan
sowie Les Roberts

Für George, den Hund

Prolog

»Na, was meinst du, John, wie viel hab ich heute für dich eingenommen?« Griff grinste bis über beide Ohren.

»Keine Ahnung«, erwiderte ich achselzuckend. »Einen Zehner?«

Ich saß auf dem Bürgersteig der Shoreditch High Street und zeichnete die Häuser in der Umgebung, so wie ich es jeden Tag in den vergangenen drei Jahren gemacht hatte.

Meine Finger waren taub vor Kälte, und ich überlegte, ob ich mir eine warme Tasse Tee und ein Sandwich leisten konnte.

Wie immer saß George in seiner Jacke neben mir und hatte einen Pappbecher vor sich stehen, in den die Passanten Kleingeld werfen konnten.

»Nein, John, mehr als einen Zehner.«

Das hörte ich gern. Im Becher lagen bloß ein paar Pfund, eine Handvoll Silbergeld, ein paar Kupfermünzen, obwohl wir schon seit gut zwei Stunden auf der Straße hockten. Griff musste also mehr rangeschafft haben als George und ich den ganzen Tag.

»Einen Hunderter?«, sagte ich, halb im Spaß.

»Nein. Nächster Versuch.«

Griff war ganz hibbelig. Ich spürte, dass er schier platzte vor Aufregung, wollte mich davon aber nicht kriegen lassen.

»Woher zum Teufel soll ich das wissen? Fünfhundert?«

»Mehr.«

»Tausend?«

»Mehr.«

Jetzt griff seine Aufregung auch auf mich über.

»Nun sag schon!«

»John, wir reden von einigen Tausenden.«

»Das ist kein Witz, oder? Was soll das heißen, einige Tausende?«

»Fünfzehntausend Pfund … das soll das heißen, um genau zu sein.«

Mit einem Satz war ich auf den Beinen, lachte und kratzte mir ungläubig den Kopf.

»Echt wahr? Du hast fünfzehntausend Pfund eingenommen? Heute? Wie hast du das gemacht?«

»Ich hab fünf Zeichnungen von dir verkauft. Eine allein hat fünf Riesen gebracht.«

Griff sagte bestimmt die Wahrheit, trotzdem wollte es mir nicht so recht in den Kopf, jedenfalls nicht gleich. So tolle Sachen passierten mir einfach nicht.

»Griff, lüg mich nicht an, sonst …«

»John, es stimmt, wirklich. Fünf Zeichnungen sind verkauft. Für insgesamt fünfzehntausend Pfund.«

George saß wie immer stolz und reglos vor mir, hatte die Vorderbeine ausgestreckt und den Kopf erhoben. Er schnupperte, sah mich erwartungsvoll an und wartete auf mein Kommando.

»Komm her, George! Komm her, mein Junge!«

Er sprang auf und schob mir den Kopf in die ausgestreckten Hände, nachdem ich in die Hocke gegangen war.

»Hast du das gehört, George? Fünfzehn Riesen! Ich werde reich sein.«

Ich hatte Todesängste ausgestanden, bald ohne Dach über

dem Kopf dazustehen, aber in dieser Sekunde war alles wie weggeblasen. Ich konnte es einfach nicht glauben.

Und George wahrscheinlich auch nicht. Er spitzte die Ohren und legte den Kopf schief, wie er es immer tat, wenn er aufmerksam zuhörte. Er hatte die Schnauze zu einem zufriedenen Grinsen geschlossen, seine Augen glänzten.

»Und wann bekomme ich meinen Anteil?«, hätte er bestimmt gesagt, wenn er gekonnt hätte. Er ist nämlich ein vorwitziger kleiner Scheißer. »Im Ernst, Kumpel, ich freu mich für dich«, hätte er noch angefügt – bilde ich mir wenigstens ein. »Du hast es dir ja auch verdient. Aber vergiss nicht, wem du dein Glück zu verdanken hast…«

Das war im Frühjahr 2013. Ich war einundvierzig Jahre alt, und der Verkauf der Bilder war erst der zweite Glücksfall in meinem ganzen Leben.

Der erste, wirklich großartige Glücksfall war George, den ich ein paar Jahre zuvor kennengelernt hatte. Damals wusste ich das noch nicht, aber der Hund würde mein Glücksbringer werden und meine Welt radikal auf den Kopf stellen.

Ohne George hätte ich nicht zum Stift gegriffen und wieder mit dem Zeichnen begonnen, nachdem ich jahrzehntelang mein Talent ungenutzt gelassen hatte; ohne George hätte ich nie Griff alias Richard Howard-Griffin kennengelernt, meinen Galeristen. Ich würde jetzt entweder in der Gosse liegen, im Knast sitzen oder mir die Radieschen von unten ansehen, und das ist mein voller Ernst.

Stattdessen habe ich seitdem mit einigen weltberühmten Streetart-Künstlern zusammengearbeitet, meine Bilder hängen von New York bis Moskau an den Wänden, und ich habe eine Londoner Ausstellung hinter mir, auf der sämtliche Zeichnungen verkauft wurden. Als ich George begegnete, steckte ich schon seit vielen Jahren in einem Teufelskreis aus Obdachlosigkeit, Kriminalität, Gefängnis, Depression und Drogen fest.

George war es, der diesen Kreislauf durchbrochen hat, und George hat den Künstler in mir dazu animiert, sich zu erheben und aus der Dunkelheit herauszutreten.

Keine geringe Leistung für einen jungen Staffordshire-Bullterrier, besonders für einen, dessen Leben vor unserem Kennenlernen auch nicht gerade rosig gewesen war. George ist meine ganze Welt. Ich liebe ihn über alles, und das hier ist die Geschichte, wie er mein Leben verändert hat.

I

Es war im Winter 2009, als George in mein Leben trat. Ich wohnte in einem möblierten Zimmer einer Sozialwohnung in der Royal Mint Street. Unten gab es einen Zeitungsladen, um die Ecke lag gleich der Tower, und ich lebte dort mit einigen Unterbrechungen seit etwa zwei Jahren; das war das Beste, was sich aus dieser Zeit sagen lässt. Ansonsten hatte ich mit so ziemlich allem in meinem Leben zu kämpfen: Ich hatte keine Arbeit, kein Einkommen, und ich kriegte meine Drogensucht nicht in den Griff. Das Einzige, was ich hatte, war das Zimmer. Ich war oft genug obdachlos gewesen, um zu wissen, wie es ist, wenn man draußen schläft, daher schätzte ich mich glücklich, eine feste Bleibe zu haben. In meiner Kindheit hat meine Mutter Dot mir beigebracht, dass Nächstenliebe zu Hause beginnt, also nahm ich manchmal für eine oder zwei Nächte andere bei mir auf, die ich auf der Straße aufgegabelt hatte und denen es noch elender ging als mir. So traf ich auf Becky und Sam.

Ich begegnete ihnen vor der U-Bahn-Station Tower Hill. Sie waren ein nettes junges Pärchen Anfang zwanzig, sie bettelten, und wie die meisten Obdachlosen vermittelten sie den Eindruck, als hätten sie von allem die Schnauze voll und bräuchten unbedingt mal eine Verschnaufpause. Sie hatten einen Schäferhund, der mich ein bisschen an den Hund aus meiner Jugend erinnerte, und so kamen wir ins Gespräch. Im Lauf des nächsten Monats lernte ich die beiden ziemlich gut kennen, weil ich nämlich selbst bettelte – auch wenn ich mich schäme, das einzugestehen. Ich wusste einfach nicht, was ich sonst machen sollte. Anderen gegenüber sagte ich, ich befände mich in einer »finanziellen Notlage«, aber es war viel schlimmer. Ich war völlig abgebrannt und wusste mir nicht mehr anders zu helfen, als mit der Mütze in der Hand Passanten anzusprechen, ob sie für einen hoffnungslosen Typen wie mich nicht ein bisschen Kleingeld übrig hätten. Jedenfalls versuchten wir drei uns gegenseitig aufzubauen, wenn wir uns über den Weg liefen, besorgten uns einen Becher Tee gegen die Kälte oder erzählten uns, was wir mit unseren Mitmenschen und Kunden so erlebten.

»Da war einer, der hat gemeint, ich hätte ein nettes Lächeln, und deswegen hat er mir einen Fünfer gegeben und gesagt, das bisschen Glück hätte ich mir verdient«, erzählte Becky dann.

»Mich hat so ein schrulliger Opa angepöbelt, ich sei eine Schande für die ganze Menschheit, und am besten wäre es, wenn ich mich gleich unter einen Bus werfen würde«, witzelte ich, obwohl das von der Wahrheit nicht so weit entfernt war. Entweder man lachte darüber, oder man gab sich gleich die Kugel.

Es ging auf Dezember zu, und allmählich wurde es richtig kalt. Ich wusste aus eigener Erfahrung, wie schlimm es zu dieser Jahreszeit auf der Straße ist, also bot ich Becky und Sam an, dass sie, wenn sie wollten, für eine Weile bei mir bleiben könnten. Sie lebten seit etwa zwei Jahren draußen und gingen auf das Angebot erwartungsgemäß sofort ein, auch wenn ich sie warnte, dass mein Zimmer definitiv nicht das Ritz war. Es war kalt, muffig und so klein, dass neben meinem Schlafsofa kaum noch Platz blieb. Aber sie waren dankbar und quetschten sich mit ihrem Schäferhund in der Mitte auf den Boden. Sie erzählten mir, sie hätten den Hund aus einer Obdachlosenunterkunft gerettet, wo sie mit angesehen hatten, wie jemand ihn halb totschlug. Ich war im Lauf der Jahre oft Zeuge sinnloser Gewaltausbrüche geworden und hatte, wenn ich so richtig unten war, auch selbst ordentlich Prügel bezogen.

»Da habt ihr beide eine gute Tat vollbracht«, sagte ich zu Becky. »Darum geht es doch im Leben.«

Einige Tage später kam Becky die Treppe zu meinem Zimmer hochgelaufen und fragte mich atemlos, ob es okay sei, wenn sie einen zweiten Hund mitbringe. Ich war ehrlich bestürzt. Als Obdachloser ist es wichtig, sich nicht allzu viel Verantwortung aufzuhalsen. Es war schon schwierig genug, die Kohle zu besorgen, damit man selbst über die Runden kam. Wie sollte man das noch mit zwei Hunden hinkriegen?

»Warum? Ist alles okay? Was ist passiert?«, fragte ich.

»Na ja, ist eine komische Geschichte«, antwortete sie, als sie langsam wieder zu Atem kam.

Es stellte sich heraus, dass ein betrunkener Schotte vor der U-Bahn-Station auf Becky zugewankt war und sie gefragt hatte, ob sie ihm nicht seinen Hund abkaufen möchte.

»Wie viel willst du für ihn haben?«

»So viel wie für eine Dose Starkbier – mehr nicht.«

»Du hast sie doch nicht mehr alle!«, antwortete Becky. »Du kannst deinen Hund doch nicht für eine Dose Bier verkaufen!«

Sie sah zum Hund, der friedlich neben dem Schotten saß und so tat, als würde er sich seinen Teil denken. Es war ein junges, schönes und äußerst wachsames Tier, und es war wirklich eine Riesenschweinerei, wenn man es für den Preis einer Dose Bier hergab – egal, ob es sich nun um Starkbier oder um normales handelte. Wenn der Schotte allerdings meinte, mehr wäre der Hund nicht wert, dann hatte er den Hund auch nicht verdient. Also leerte sie ihre Taschen und sah nach, wie viel Geld sie bei sich hatte.

»Ich sag dir was, ich geb dir zwanzig Pfund. Nimm sie, aber lass dich hier nicht mehr blicken, verstanden?«

»Aye, verstanden«, erwiderte er und zählte die Kohle nach. »Übrigens, er heißt George.«

Der Schotte torkelte davon, Becky hielt George an der abgewetzten Leine, fragte sich, was um Himmels willen sie da jetzt geritten hatte, und hoffte, dass ich nichts dagegen haben würde, ihn auch noch bei mir aufzunehmen.

»Warum nicht?«, sagte ich, nachdem ich mir die Geschichte angehört hatte. »Klingt ja so, als hätte er auch mal eine Verschnaufpause nötig. Los, hol ihn schon.«

Becky kehrte um, und zwei Minuten später ging erneut die Tür auf, und George trabte herein. Ich war überrascht, was für ein schöner Hund er war. Hunde von Obdachlosen werden nicht immer gut versorgt, manchmal geben sie ein eher trauriges Bild ab. Obwohl er ein wenig nervös wirkte, war sein Temperament sofort zu spüren. Der dunkle Fleck um das linke Auge, seine Ohren, von denen eines schwarz, das andere weiß war, verliehen ihm etwas sehr Niedliches. Eines der Ohren hatte noch dazu einen Knick, möglicherweise Folge eines Kampfes, aber er war unbestreitbar ein wunderschöner Hund.

»Für eine Dose Starkbier?«, wunderte ich mich. »Der Typ muss ein verdammter Arsch sein!«

Ich streichelte George über den Kopf und begrüßte ihn mit einem »Hallo«, ließ ihn aber ansonsten in Ruhe, weil er nervös und unruhig wirkte. Übel nehmen konnte man es ihm nicht. Es musste für ihn ganz schön hart sein, sich mit neuen Besitzern in einer völlig fremden Wohnung wiederzufinden. Und weiß der Himmel, welches Leben er bei dem Schotten vorher gehabt hatte.

»Wie lang hatte ihn dieser Kerl?«, fragte ich.

Becky zuckte mit den Schultern. »Keine Ahnung. Ich glaube aber, dass George noch nicht sehr alt ist.«

Ich stimmte zu. Er war kein Welpe mehr, aber er sah mir auch nicht älter aus als – sagen wir – anderthalb Jahre.

George saß mucksmäuschenstill auf dem Boden und lauschte und beobachtete alles. Sein Blick war immer auf denjenigen gerichtet, der gerade redete, und beim geringsten Geräusch von draußen spitzte er die Ohren. Er war ganz offensichtlich auf der Hut, trotzdem schien eine große Ruhe von ihm auszugehen. Er hatte etwas Hypnotisches an sich. Ich mochte ihn vom Fleck weg.

Fühl dich wie zu Hause.

»Kannst du für ein paar Stunden auf George aufpassen?«, fragte Becky zwei Tage später. »Es ist wirklich wichtig, sonst würde ich dich nicht damit behelligen.«

Sie und Sam hatten einen Termin bei einem Sozialarbeiter, der sich bemühte, sie von der Straße zu holen. Becky meinte, sie wollten dort nicht mit zwei Hunden aufkreuzen. Ihr Schäferhund wich ihnen nicht von der Seite, wie ich wusste, und ich war froh, wenn ich ihnen aushelfen konnte. In den wenigen Tagen, in denen ich George mittlerweile kannte, hatte er sich ganz großartig verhalten. Er bellte so gut wie nie, und sein entspanntes Wesen hatte eine beruhigende Wirkung auf mich. Er stellte sich als ein äußerst willkommener Gast heraus.

»Wird mir eine Freude sein«, sagte ich. »Du bist ein guter Junge, was, George?«

Er sah mich an und legte den Kopf schief. Ich machte mir keine Gedanken darüber, dass ich vielleicht irgendwelche Probleme mit ihm haben würde. Eigentlich machte ich mir über gar nichts Gedanken.

Becky und Sam waren eine Ewigkeit weg. Irgendwann fütterte ich George mit der halben Dose Hundefutter von Tesco, die sie neben dem Wasserkocher hatten stehen lassen, und gab ihm was zu trinken. Es mochte zwar verdammt lange her gewesen sein, dass ich mich um einen Hund gekümmert hatte, aber sogar mir fiel ein, dass ich mit ihm irgendwann raus musste, falls die beiden in absehbarer Zeit nicht zurückkamen. Ich wartete bis zum Einbruch der Dämmerung, dann gab ich mich geschlagen. Es war George anzusehen, wie sehr er sich langweilte; es war nicht richtig, einen jungen Hund wie ihn so lange in einer winzigen Wohnung schmoren zu lassen. George war aufgeregt, als ich ihm endlich die Leine anlegte, und als ich die Tür aufmachte, schoss er davon und zog mich die Treppe hinunter wie ein Husky seinen Schlitten.

Unten auf der Straße nahm ich die Leine fest in die Hand und marschierte mit ihm um den Block. Sorgen machte mir nur mein schwacher arthritischer Knöchel; wenn George fest genug zog, konnte er mich leicht umwerfen. Aber davon wollte ich mich nicht kirre machen lassen, stattdessen genoss ich einfach den Ausflug und dachte mir, wie gut es mir tat, mal wieder einen

Hund auszuführen. Es musste fünfzehn Jahre her gewesen sein, dass ich so etwas das letzte Mal gemacht hatte. Tatsächlich kam es mir so vor, als würde ich zum ersten Mal seit fünfzehn Jahren nicht bloß sinnlos herumzulatschen, sondern etwas Gutes und Sinnvolles tun.

Während wir so durch den Park liefen, dachte ich zurück an meine Kindheit, in der ich mit meinem Hund Butch, einer wunderbaren schwarzen Promenadenmischung, in ganz London unterwegs gewesen war. Was hatte ich damals für Zukunftspläne! Wie verdammt lange war das her, und wie sehr hatte ich mein Leben seitdem gegen die Wand gefahren.

»Es läuft nicht immer alles so, wie man es sich vorstellt, was, Kumpel?«, sagte ich zu George, der sich plötzlich umdrehte und mir die Hand abschleckte.

»He, benimm dich!«, sagte ich. »Was soll das denn?«

Er rieb seine Schnauze an meinem Bein, und sofort hatte ich bessere Laune. Es war, als wollte er sich für den Auslauf und meine Fürsorge bedanken. Was nicht nötig gewesen wäre. Wegen ihm war ich doch überhaupt draußen und machte einen Spaziergang an der frischen Luft, statt in meiner erbärmlich kleinen Bude zu versauern, wo ich nur über Mittel und Wege nachdachte, wie ich meine Situation vergessen konnte. Ich musste ihm mindestens ebenso dankbar sein wie er mir.

Trotzdem war mir nicht ganz wohl bei der Sache. Ich war es nicht gewohnt, Verantwortung zu übernehmen – außerdem war es verteufelt lange her, dass ich einen Hund versorgt hatte. Als wir den Rückweg antraten, legte George den Kopf schief und sah mich eindringlich an, als wollte er mich von oben bis unten mustern. Ich hatte das Gefühl, dass ich ihm etwas sagen, dass ich ihm auf die Frage in seinem Blick antworten musste.

»Junge, bei mir passiert dir nichts«, sagte ich schließlich. »Mach ruhig ein Nickerchen, du musst dir um nichts Sorgen machen.«

Er runzelte die Stirn und sah mich träge an. Ich ließ mich auf einer Bank nieder, George legte sich zu meinen Füßen hin, und ich griff mir eine alte Ausgabe des *Evening Standard*, blätterte sie durch und blieb an einem Artikel über die vorgesehenen Sozialkürzungen hängen. Einer der vielen Gründe für meine Lage waren die gekürzten Sozialleistungen. Sicher, das war nicht alles – ich hatte schon auch meinen gehörigen Anteil daran –, trotzdem trug das dazu bei, warum ich mich bettelnd auf der Straße herumtrieb, obwohl das wirklich das Letzte war, was ich wollte. Ich musste unbedingt raus, weg davon, aufgrund meiner Vergangenheit und meiner Probleme aber war niemand, der noch richtig tickte, bereit, mir einen Job zu geben. Ich sah für mich keinen Ausweg aus dem tiefen Loch, das ich mir selbst gegraben hatte, und so hatte ich mich insgeheim schon mit der Tatsache abgefunden, dass sich an meinem Leben nicht mehr großartig etwas ändern würde. Wenn, dann würde es mit mir eher weiter bergab gehen.

Während ich den Artikel las, richtete sich George zwischen meinen Beinen auf und steckte seine Schnauze in die Zeitung. »Du neugieriger Mistkerl«, murmelte ich. Ich legte die Zeitung weg und kraulte ihm den Kopf, was er zu genießen schien. Zum ersten Mal sah ich ihn so richtig an. Ich schaute ihm tief in die Augen, und stolz erwiderte er den Blick. Zwischen uns schien eine Verbindung zu bestehen. Eine unergründliche Tiefe schien in seinen Augen zu liegen, eine Gelassenheit, und ich erinnere mich noch gut, wie in diesem Moment ein Gefühl der Ruhe über mich kam. Es war das erste Mal seit langer, langer Zeit, dass ich so etwas wie Frieden empfand.

Becky und Sam strahlten, als sie an diesem Tag in die Wohnung zurückkamen. Es war ihnen anzusehen, dass sie es kaum erwarten konnten, mir alles zu erzählen.

»Gute Neuigkeiten?«, fragte ich.

Sie freuten sich riesig, trotzdem klang Becky ziemlich nervös, als sie zu erzählen begann.

»Folgendes, John. Uns ist eine Wohnung angeboten worden, nur…« Sie sah zu George, der genau zuzuhören schien.

»Aber das ist doch fantastisch!«, unterbrach ich sie. »Herzlichen Glückwunsch!«

»Es gibt nur ein Problem.«

»Sag schon…«

»Wir können nur einen Hund mitnehmen.«

Ich sah zu George, der ruhig dasaß und auf den Boden starrte. Meine Güte, was tat er mir leid. Ich wusste nur zu gut, wie es sich anfühlt, wenn man nicht zu den Auserwählten gehört, sondern zurückbleiben muss. Mir war klar, dass sich Becky und Sam diese Chance auf eine eigene Bude nicht entgehen lassen konnten. Und natürlich würden sie ihren Schäferhund mitnehmen. George würde also derjenige sein, der übrig blieb.

»Keine Sorge, Kumpel«, sagte ich, ging zu George und kraulte ihm den Kopf. »So ein hübscher Bengel wie du findet sofort wieder eine Bleibe.«

»Äh«, kam es von Becky. Sie rieb sich nervös die Hände. »John, ich muss dich noch was fragen.«

»Ja?«

»Also, ich hab mir nämlich überlegt… vielleicht könntest du ihn ja nehmen. Was meinst du?«

Ich sah zu George, dachte an unseren Nachmittag im Park und wusste, dass es darauf nur eine Antwort gab.

»Klar. Er kann so lange bei mir bleiben, bis ihr was für ihn gefunden habt. Ich bin froh um ein bisschen Gesellschaft.«

Becky lächelte, aber sie war immer noch nicht fertig. »Ähm, ich meinte eigentlich nicht nur für eine Weile…« Ihr Blick huschte zwischen George und mir hin und her. »Ich meinte eigentlich, ob du ihn nicht ganz behalten willst. Ob du George nicht bei dir aufnehmen willst.«

Ich dachte, ich höre nicht richtig. Ich konnte mich nicht erinnern, wann mir das letzte Mal jemand etwas anvertraut hatte – und jetzt bot Becky mir an, dieses wunderbare Tier in Obhut zu nehmen.

»Ich? Du willst, dass ich ihn behalte?«, sagte ich mehr zu mir selbst.

»Ja … das heißt, wenn du ihn willst. Wir haben doch mitbekommen, wie du mit ihm umgehst. Du bist ein ehrlicher Typ, John. Sam und ich haben das von Anfang an gespürt. Wir wissen, dass du dich gut um ihn kümmern wirst, sonst hätten wir dich nicht gefragt.«

Wenn man, um seinen Lebensunterhalt zu bestreiten, aufs Betteln angewiesen ist, bekommt man nicht oft Komplimente zu hören. Beckys Worte berührten mich daher zutiefst. Offensichtlich spürte sie, wie gut George und ich miteinander auskamen, und das gab mir das nötige Selbstvertrauen.

»Wirklich? Na, wenn du mir so Honig ums Maul schmierst, soll es mir recht sein!«

Und damit war die Sache entschieden. Ich klopfte mir auf die Oberschenkel. »Los, George! Komm her!«

Er erhob sich und trottete schwanzwedelnd auf mich zu.

»Was hab ich dir heute gesagt? Im Leben läuft es nicht immer so, wie man denkt, was, Kumpel?«

Becky und Sam zogen noch am selben Abend aus, deshalb kam ich erst sehr spät ins Bett. Damals schlief ich nicht besonders gut; nachdem ich aber mein Schlafsofa hergerichtet und George auf dem Boden untergebracht hatte, fiel ich relativ schnell in einen tiefen Schlaf. Als ich am nächsten Morgen die Augen aufschlug, lag ich auf der Seite, und George hatte sich in meine

Kniekehlen geschmiegt. Er war völlig entspannt, so, als wäre er es seit jeher gewohnt, sich zwischen meinen Beinen zusammenzurollen. Ich brauchte ein, zwei Minuten, bis ich richtig wach wurde, und mein erster Gedanke lautete: Worauf zum Teufel hab ich mich da eingelassen?

Das Selbstvertrauen vom Vortag war völlig verflogen. Ich war ein Wrack. Ich hatte keinen Job, ich hatte keine Kohle, ich hatte keine Ziele. Ich konnte mich noch nicht mal um mich selbst kümmern, geschweige denn um einen Hund. Und George war, verdammt noch mal, ein großer Hund. Das alles war der komplette Wahnsinn; ich würde es nie schaffen. Ich schloss die Augen und versuchte das Problem auszublenden. Ich hasste den Morgen, vor Mittag kam ich nie in den Gänge. Normalerweise ging mir nach dem Aufwachen nur durch den Kopf, wie ich den Tag überstehen sollte, wenn ich ihn denn überhaupt irgendwie rumbrachte. Mein Leben stand sowieso schon auf der Kippe, wenn ich mich jetzt auch noch um ein Haustier kümmern musste, könnte mich das vollends aus der Bahn werfen. Becky würde das verstehen. Wenn es also nicht anders ging, dann musste ich mich selbst um ein neues Zuhause für George umtun.

George rührte sich, er schob mir seine Schnauze ins Gesicht und zwang mich, erneut die Augen aufzuschlagen. Sein Gesicht war nur Zentimeter von meinem entfernt, und er atmete mir in der eiskalten Wohnung warme weiße Wölkchen ins Gesicht.

»Was willst du?«, fragte ich. »Was soll das?«

Seine braunen Augen glänzten. Er wirkte hellwach und aufgeregt – das genaue Gegenteil von dem, wie ich mich fühlte.

»Los, verschwinde! Ich steh ja gleich auf. Verschwinde!«

Ich griff nach meinem Handy und rief Jackie an, meine Schwester. Sie war die Einzige aus meiner Familie, zu der ich noch Kontakt hatte – auch wenn ich sie seit ein paar Jahren nicht mehr gesehen hatte und zwischen unseren Gesprächen manchmal ein halbes oder dreiviertel Jahr lag.

»Was ist, John?«, fragte sie. Aus Erfahrung wusste sie, dass ich nur anrief, wenn ich in Schwierigkeiten steckte oder sie um einen Gefallen bitten wollte.

»Ich hab was Blödes gemacht.«

»Was du nicht sagst! Was ist es diesmal?«

Wahrscheinlich hing es ihr zum Hals raus, dass sie ihrem unfähigen kleinen Bruder ständig aushelfen musste, trotzdem war aus ihrer Stimme immer auch Mitgefühl herauszuhören.

»Ich hab jetzt einen Hund – dabei kann ich doch noch nicht mal auf mich selbst aufpassen!«

Jackie lachte. »Das ist jetzt ein Scherz, oder?«

»Das ist kein Scherz. Was soll ich machen?«

»Na ja, es gibt Schlimmeres. Wie heißt er?«

»George.«

Er hatte im Zimmer herumgeschnüffelt, als er aber jetzt seinen Namen hörte, kam er mit erwartungsvollem Blick angetrottet. Wahrscheinlich, fiel mir ein, musste er raus, während ich doch bloß weiterschlafen wollte, damit ich einen klaren Kopf bekam und mir die nächsten Schritte überlegen konnte.

»Wie ist er?«

»Wunderschön«, sagte ich rundheraus. »Er ist der schönste Hund, den du jemals gesehen hat, Jack.« George sprang wieder aufs Bett, schob sich an mich und schleckte mir übers Gesicht. »Hör zu, ich muss los. Der Hund fällt gerade über mich her. Wir reden später noch mal.«

Und zu George sagte ich: »Okay, schon verstanden.« Ich schob ihn weg. »Ich weiß, du willst raus. Okay, wenn du das willst, dann machen wir das, und dann überlegen wir uns, was wir als Nächstes tun …«

Damals war mir das nicht klar, aber in diesem Moment hatte

ich eine Entscheidung getroffen, die letztlich mein ganzes Leben verändern sollte. Von jetzt an stand ich nicht erst nachmittags, sondern am Morgen auf und ging mit George Gassi, weil er das so brauchte, obwohl es wirklich nicht das war, worauf ich Lust hatte.

Gegen halb zehn machten wir uns also auf den Weg zu einem nahe gelegenen kleinen Park. Es war ein eiskalter Wintertag, aber die tief stehende Sonne strahlte. Ich hatte einen dicken Kopf, meine Augen brannten. Ich konnte mich nicht erinnern, wann ich das letzte Mal so früh die Wohnung verlassen hatte. Eine junge Mutter mit Kinderwagen, der wir auf dem Gehsteig entgegenkamen, machte einen großen Bogen um uns. Erst fragte ich mich, ob sie Angst vor einem Hund wie George hatte, bis mir einfiel, dass wahrscheinlich ich derjenige war, der ihr nicht ganz geheuer schien. Wegen der Kälte hatte ich es mir zur Angewohnheit gemacht, angezogen zu schlafen, außerdem wusch und rasierte ich mich nur ungern, weil es kein warmes Wasser gab. Daneben hatte ich im Lauf der letzten Jahre einige Zähne verloren, was meinem äußeren Erscheinungsbild alles andere als zuträglich war. Ich hatte schon seit einiger Zeit nicht mehr in den Spiegel gesehen, weil ich meinen eigenen Anblick nicht mehr ertrug. Und zu allem Elend roch ich auch wahrscheinlich nicht gerade nach Veilchen, was auf George ebenfalls zutraf. Ich konnte es ihr nicht übel nehmen, dass sie uns auswich. Mein Zustand war alles andere als gesellschaftstauglich, und sicherlich vermittelte ich nicht den Eindruck, als könnte ich auf einen Hund wie George aufpassen.

Genau wie am Tag vorher zerrte George mit aller Kraft an der Leine, und bis wir den Park erreichten, hatte ich mächtig zu tun, um mich überhaupt noch auf den Beinen zu halten. Mein rechter Knöchel fühlte sich schlimmer an als sonst; ich hätte auf den Krücken laufen sollen, wie ich es in den Wintermonaten oft tat,

George, der mit mir Gassi geht.

wenn es mit der Arthritis schlimmer wurde. Ich hatte sie im Zimmer gelassen, weil es mir aussichtslos erschien, mit ihnen George auszuführen. Diesen Kampf hätte er auf jeden Fall gewonnen.

Ich hatte einen alten Tennisball mitgenommen, den ich in der Wohnung gefunden hatte. Ich ließ George von der Leine, warf den Ball so weit, wie ich konnte, und hoffte, nach dem Herumgezerre wieder etwas zu Atem zu kommen.

George spurtete los, Sekunden später war er wieder da, Speichel tropfte ihm von den Lefzen, und den Ball hatte er fest zwischen die Zähne geklemmt.

»Guter Junge! Lass den Ball los. Aus, George! Aus!«

Bei Butch, meinem Hund in der Kindheit, hatte das gereicht. »Aus!«, diesen Befehl hatte er von klein auf gelernt und immer befolgt. Aber George war von so was völlig unbeleckt. Er weigerte sich, die Kiefer auch nur ein wenig zu lockern, saß nur da und zerbiss den Ball, als würde sein Leben davon abhängen. Zögerlich streckte ich die Hand aus, um ihm den Ball wegzunehmen. Das war das erste und letzte Mal, dass ich George ins Maul fasste. Hätte nicht viel gefehlt, und ich hätte ein paar Finger weniger gehabt!

»Autsch! Pass auf!«, rief ich und zuckte zurück. »Ich brauch meine Pfoten noch.«

Er sah mich an und schien entnervt mit den Augen zu rollen, als wollte er mir zu verstehen geben: »Das hättest du mir aber auch sagen können.« Mir ging auf, dass er mir immer in die Augen schaute, wenn ich mit ihm redete, und mir schwante, dass er ein ziemlich dreister Kerl war. Wieder warf ich den Ball, und diesmal war es noch schwieriger, ihm das Spielzeug wieder abzunehmen. Er knurrte, Speichel tropfte ihm aus dem Maul, und ganz offensichtlich hatte er seinen Spaß an dem Gerangel. Als ich schon dachte, ich würde ihm den Ball abnehmen können, fletschte er die Zähne und verbiss sich noch mehr darin. Ich konnte von Glück reden, dass ich nicht gebissen wurde. Da kam mir schlagartig ein Gedanke.

»Verdammt, du bist ja voll ausgewachsen!« Das durfte ich nicht auf die leichte Schulter nehmen. Wenn ich mich selbst und mein Leben nicht auf die Reihe bekam, würde ich nie und nimmer diesem muskelbepackten Haustier gewachsen sein. Ich hatte absolut keine Erfahrung mit Staffordshires oder ähnlichen Hunderassen. Alles, was ich kannte, war mein alter Hund Butch, eine gewöhnliche Promenadenmischung, und auch das war, wie gesagt, schon lange, lange her.

Es war Wahnsinn, George zu behalten, absoluter Wahnsinn. Aber ich konnte ja auch kaum behaupten, dass ich noch alle beieinander hatte – damals jedenfalls ganz sicher nicht.

2

Bevor George in meine Wohnung kam und mein Leben veränderte, war ich ein anderer Mensch gewesen. So lange war ich vor meiner Vergangenheit davongerannt, dass ich fast vergessen hatte, woher ich kam. Ich wuchs in einer Sozialbauwohnung im President House an den King Square Gardens in Islington auf, in einer der unzähligen Wohnungen, die es in dieser Siedlung gab. Wir wohnten im vierten von insgesamt sechs Stockwerken, und wenn ich mich auf den Stuhl stellte und aus dem Fenster sah, was ich als kleiner Junge oft genug getan habe, dann konnte ich die Kuppel der St. Paul's Cathedral sehen, die drei Türme des Barbican Centre und das BP-Gebäude in der Londoner City.

Gebäude hatten mich damals nicht interessiert – jedenfalls nicht so wie heute –, ich wollte nur nach meinem Dad Gerry Ausschau halten, wenn er von der Arbeit nach Hause kam. Gerry war Müllmann. Er stand morgens um vier auf, verließ um fünf das Haus und arbeitete bis Mittag – bis dahin leerte er die Mülltonnen in Camden. Dann kam er nach Hause, zog sich um und ging weiter ins Bull Pub am King Square, wo er drei, vier Stunden lang ein Guinness nach dem anderen kippte, bevor er heimkam und in seinen unverwüstlichen Lehnsessel sank. Angeblich hatte er am Tag immer mindestens zwölf Pints intus, mir aber war er nie betrunken vorgekommen.

»So einen Scheiß schau ich mir nicht an!«, schnauzte er dann und schaltete sofort nach seiner Ankunft auf einen anderen Fernsehsender, ganz egal, was ich mir gerade ansah. Ich stellte mich bald darauf ein. Hörte ich seinen Schlüssel in der Tür, sprang ich schnell auf und schaltete von BBC1 auf ITV oder umgekehrt, weil ich wusste, dass er sofort das Programm wechseln würde und ich meine Sendung dann zu Ende sehen konnte. Aber ich achtete immer darauf, von Dad nicht erwischt zu werden. Wie die meisten Männer seiner Generation sah er sich selbst als den Herrn im Haus. Wenn er in Wut geriet, hallte seine dröhnende Stimme durch die ganze Wohnung. Er lehrte mich wirklich das Fürchten.

»Das ist meine Wohnung, hier hab ich das Sagen«, hatte ich ihn oft raunzen gehört. »Wenn dir was nicht passt, weißt du, wo die Haustür ist.« Als »Haustür« bezeichneten wir die Wohnungstür zum Laubengang, der vier Stockwerke über dem eigentlichen Eingang zum Gebäude lag. Er war ein starker, stolzer Mann, der zu den meisten Dingen eine feste Meinung hatte. In der Familie sagte man, wenn er zu jemandem oder etwas keine Meinung hatte, dann nur deshalb, weil die betreffende Person oder Sache noch nicht geboren oder erfunden war.

Wie jeder Sohn sah ich zu meinem Dad auf und bewunderte ihn. Er las gern Bücher über den Krieg, und er erzählte mir häufig von Schlachten und Soldaten. Außerdem war er ein begabter Künstler, er konnte, wenn er wollte, alles malen, in jeder beliebigen Technik. Seine Spezialität waren Porträtskizzen. Einmal erzählte er mir, er habe ein Porträt der Queen angefertigt, auf dem sie so gut getroffen war, dass ihm jeder sagte, er solle es in den Buckingham-Palast schicken. Letztlich schenkte er es einem Kumpel, dem das Bild gefallen hatte. So war Gerry – bescheiden

Eine einfache Zeichnung der Wohnanlage an den King Square Gardens, Islington, London. Hier bin ich aufgewachsen!

und sehr großzügig gegenüber Freunden. Wenn für die Hausbewohner eine Party veranstaltet wurde, dann oft in unserer Wohnung, und wenn im Pub jemand aufkreuzte, der gerade kein Bett hatte, dann half mein Dad häufig aus.

»Wer schläft denn da auf dem Sofa?«, fragte meine Mum dann am nächsten Morgen.

»Der ist im Pub übrig geblieben«, erwiderte mein Dad.

Sie verstand Gerry und beschwerte sich nie; meine Mum hatte ein großes Herz und war immer für andere da.

In meiner Kindheit arbeitete sie als Putzfrau in den Büros der City. Sie fing vor den Büroöffnungszeiten früh am Morgen an, weshalb ich von sechs bis zehn – zu der Uhrzeit kam sie wieder nach Hause – bei unseren Nachbarn geparkt wurde.

Abends nach Büroschluss brach Dot dann zur zweiten Schicht auf. Meistens wurde es sieben oder acht Uhr, bis sie mit dem Bus nach Hause kam.

Sie klagte nur selten, aber die langen Tage und die körperliche Belastung mussten ihr schwer zugesetzt haben. Wir hatten nicht viel Geld, und in der Familie waren fünf Kinder zu versorgen. Ihr blieb also keine andere Wahl – wir brauchten jeden Penny.

Ich war der Jüngste. Ich hatte zwei ältere Brüder, Malcolm und David, Dots Söhne aus einer früheren Beziehung. Malcolm war bereits fünfzehn gewesen, als ich geboren wurde, David siebzehn, und solange ich mich erinnern kann, waren sie knallharte Typen. Malcolm wurde Profiboxer, David übernahm Anfang der achtziger Jahre den renommierten Times Amateur Boxing Club, der eine wichtige gesellschaftliche Funktion erfüllte und jedem, egal welcher Herkunft, die Möglichkeit bot, Sport zu treiben (woran sich bis heute nichts geändert hat). David baute ihn zu einem Trainingszentrum nach olympischen Kriterien aus.

Meine beiden Schwestern Marilyn und Jackie waren zwar jünger als meine Brüder, aber trotzdem viel älter als ich. Marilyn war bei meiner Geburt schon sechzehn und stammte aus Gerrys früherer Ehe. Sie war nur selten bei uns und verbrachte den Großteil der Zeit bei ihrer Mutter. Im Grunde war sie für mich kaum eine Schwester; wenn sie uns besuchte, was nicht oft vorkam, nannte ich sie »Tante Marilyn«. Meine andere Schwester Jackie war nur acht Jahre älter als ich, und ich liebte sie über alles. Meine erste deutliche Erinnerung an sie betraf ihren Krankenhausaufenthalt, als ihr die Mandeln rausgenommen wurden. Ich war vier und umarmte sie so fest, wie ich nur konnte, denn ich wollte sie nicht gehen lassen.

Sie liebte Mum und Dad innig, war immer freundlich und brav, half ihnen zu Hause und strengte sich in der Schule an. Sie passte auf mich auf, und für mich war sie schlicht und ergreifend der tollste Mensch auf der Welt.

Ich kann mich nicht erinnern, dass wir fünf Kinder irgendwann alle zusammen unter einem Dach gewohnt hätten. Der siebzehnjährige Altersunterschied zwischen mir und meinem ältesten Bruder sowie der Umstand, dass Marilyn die meiste Zeit bei ihrer Mutter verbrachte, führten dazu, dass wir nur selten zusammen waren. An den Wochenenden und nach der Schule trieb sich Jackie mit ihren Freunden herum, während ich bei Mum und Dad war oder mich mit mir selbst beschäftigte. Gerry und Dot verwöhnten mich, das Nesthäkchen der Familie, nach Strich und Faden. Mein Dad brachte mir vom Zeitungshändler auf dem Heimweg vom Pub gern ein Comicheft mit. Zu Weihnachten und zu meinen Geburtstagen ging Gerry mit mir zum Beatties-Spielzeugladen in der High Holborn und setzte mich draußen auf die Schaufensterbank, wo ich mir die Nase platt drücken konnte.

»Wow, Dad, kann ich die Tardis von *Doctor Who* haben?«, rief ich aufgeregt, während mein Blick auf das glänzende blaue Spielzeughäuschen im Regal geheftet war.

»Ja, mein Sohn, das kauf ich dir«, sagte Gerry. Seine Antwort lautete immer »Ja, mein Sohn«, niemals »Nein, das können wir uns nicht leisten«. Egal, wie es um unsere finanzielle Situation bestellt war, was ich wollte, musste ich bekommen. Einmal schenkte er mir einen ferngesteuerten Panzer für 100 Pfund – höllisch viel Geld damals. Und immer staunte ich, wenn er langsam den Laden betrat und leise fragte, ob er das Spielzeug aus dem Schaufenster bekommen könnte.

»Siehst du, John, ich hab dir genau das besorgt, was du dir ausgesucht hast«, sagte er mir draußen. Schon damals wusste ich aufgrund des ausgebleichten, angeschlagenen Kartons, dass er wahrscheinlich einen Preisnachlass herausgehandelt hatte. Trotzdem war für mich alles, was er mir schenkte, etwas Besonderes.

Als Jüngster unterhielt ich Dot und Gerry immer mit meinem Rumgekaspere. Sie waren sehr antiautoritär und ließen mir eine Menge durchgehen. Auf dem Weg zum Supermarkt nahm mich Dot oft mit in den angrenzenden Park, wo die alten Damen in der Sonne auf den Bänken saßen. Sie ließ sich neben ihnen nieder und forderte sie auf, mich zu fragen, wo sich mein Alter rumtrieb.

»Zu Hause, beim Saufen«, antwortete ich dann, als wäre ich selbst eine der alten Ladys und mit Gerry verheiratet.

»Wie ist er denn so, dein Alter?«, fragte eine andere.

»Ein alter Drecksack, das ist er«, erwiderte ich mit einem frechen Grinsen. Immer, wenn ich diese Nummer abzog, sorgte ich damit für allgemeine Heiterkeit. Wahrscheinlich war es der Höhepunkt ihres Tages, wenn sie den kleinen Jungen hörten, der wie ein Hafenarbeiter vom Leder zog.

Je mehr sie über meine Schimpftiraden lachten, desto mehr geriet ich in Fahrt, bis Dot mich irgendwann wegzerrte. Wir hörten dann hinter uns noch das Gelächter, auch Dot amüsierte sich köstlich. Sie sagte mir zwar, dass sie das alles im Grunde nicht gutheißen konnte, trotzdem wusste ich, dass es auch ihr Spaß machte. So waren sie beide. Solange ich gewisse Grenzen nicht überschritt, ließen sie mir in allem freie Hand.

Es dauerte also nicht lange, und ich fluchte und schimpfte so ausgiebig und häufig, dass es mir zur zweiten Natur wurde und mir selbst gar nicht mehr auffiel. Noch jetzt rufe ich George, wenn ich will, dass er auf der Straße zu mir aufschließt: »Los, mach schon, du Drecksack!« Aber ernst gemeint ist das natürlich nicht, dazu habe ich ihn viel zu gern. Meistens sieht er mich nur gelangweilt an, als wollte er sagen: »Ist das nötig?« Und damit hat er ja auch nicht ganz unrecht. Aber wenn man sein Leben lang so geredet hat, kriegt man es nur schwer wieder los.

Samstags ging ich mit Mum und Jackie häufig zum Chapel Market in der Nähe von Angel. Das ist der Markt, der in der Sitcom *Only Fools and Horses* vorkommt, und genau wie in der Fernsehserie ist hier immer einiges los. Der Ablauf war stets der gleiche: Mum und Jackie gingen zuerst zu Marks & Spencer, dann zu Boots, bevor wir den Rundgang entlang der Marktstände antraten. Zum Schluss gönnten wir uns noch einen Pie and Mash im Manze's, dem besten Pie-and-Mash-Laden in London. Einmal, ich musste so etwa fünf Jahre alt gewesen sein, quengelte ich schon los, dass ich Pie and Mash wollte, obwohl wir noch kaum den Bus verlassen hatten.

»Mum, Mum, Mum, ich will Pie and Mash.«

»Jetzt noch nicht, John.«

»Ich will aber jetzt sofort Pie and Mash!«

»John, es dauert nicht mehr lang, dann bekommst du deinen Pie. Sei nicht so ungeduldig ...«

Ich wurde immer lauter, und die damals dreizehnjährige Jackie wäre vor Scham am liebsten im Erdboden versunken.

»*Mum!* Ich will Pie and Mash, verdammt noch mal!«, brüllte ich.

Ich geriet immer mehr außer Rand und Band, zerrte an Dots Ärmel und weigerte mich, auch nur einen Schritt zu tun.

»Hörst du, du blöde Kuh! Ich will Pie and Mash, verdammt noch mal, und zwar *jetzt.*«

Ich stampfte mit dem Fuß auf und bekam einen Tobsuchtsanfall, sodass sich der halbe Markt nach mir umdrehte und mich anstarrte.

Meine Mum sah sich um und flüsterte zu Jackie: »Tu einfach so, als würde er nicht zu uns gehören. Wir setzen ihn im Pie-and-Mash-Laden ab, dann gehen wir und holen ihn später ab.«

Eine kleine ältere Frau, die sah, in welchem Zustand ich mich befand, kam zu uns herüber. »Was ist denn los, mein Kleiner?«, fragte sie und sah meine Mum vorwurfsvoll an.

»Verpiss dich und kümmere dich um deinen eigenen Scheiß«, rotzte ich sie nur an, worauf meine Mum in schallendes Gelächter ausbrach und mich so schnell wie möglich in den Pie-and-Mash-Laden bugsierte. Es war klar, dass mich sonst nichts von meinem Gezeter abbringen würde.

An den Sonntagen besuchten wir Oma Ryan, Gerrys Mutter. Sie wohnte in Shoreditch, nicht weit von meiner jetzigen Wohnung entfernt, und hielt in einem Käfig einen Beo. Der Vogel hieß Jack und hatte die witzige Angewohnheit, alte Freundinnen sowie verstorbene Verwandte nachzuahmen. Nach einer Stunde gab Oma Ryan mir fünfzig Pence, und ich verabschiedete mich und machte mich auf den Weg zum sonntäglichen Flohmarkt in der Brick Lane, gleich bei der Bethnal Green Road. Der Markt war bekannt für Elektrogeräte, die nie funktionierten; man konnte von Glück reden, wenn man sich mit dem dort gekauften Zeugs keinen Stromschlag einfing oder das ganze Haus abfackelte. Eine Freundin meiner Großmutter erstand dort einmal einen Singvogel und musste feststellen, dass dem Tier der untere Teil des Schnabels fehlte, weswegen es keinen Ton herausbrachte – das erfuhr sie aber erst, als sie den Vogel von einem Tierarzt untersuchen ließ.

Geschichten wie diese gab es zuhauf; auf einem Markt wie diesem war immer mit so etwas zu rechnen – das hielt die Menschen allerdings nicht davon ab, in Scharen herbeizuströmen. Sie genossen das Gedränge und hofften auf ein Schnäppchen. Es war immer voll, und ich sehe noch die Skinheads in ihren Crombies und Doc Martens vor mir, die an der Kreuzung Brick Lane und Bethnal Green Road hinter einem Kordon von Polizisten Schriften der National Front verkauften.

Ich fand den Markt großartig, vor allem, weil ich mir immer einen Apfelkrapfen besorgte und dann in die Sclater Street ging, um Second-Hand-Comics zu kaufen. Ich mochte die alten amerikanischen Marvel- und DC-Comics – Batman und Superman und noch andere –, aber damals war ich vor allem daran interessiert, die Zeichnungen zu kopieren.

Nach unserer Rückkehr vom Markt saß ich mit Stift und Papier stundenlang in meinem Zimmer und versuchte die Figuren abzuzeichnen, die ausdrucksstarken Linien ihrer Gesichter und ihr Muskelspiel einzufangen. Besonders wichtig waren mir die Schattierungen, ich konzentrierte mich aufs kleinste Detail, bemühte mich, Hell und Dunkel richtig wiederzugeben und der Vorlage so nah wie möglich zu kommen. Wenn mir ein Fehler unterlief, hielt ich mich nicht lange mit dem Wegradieren auf, sondern begann einfach von Neuem. Nach einigen Stunden war mein Zimmer mit zerknüllten Blättern übersät. Ich konnte erst aufhören, wenn ich jede Einzelheit der Zeichnungen getroffen und die vom Künstler angewandten Techniken verstanden hatte. Beim Zeichnen konnte ich völlig die Welt um mich herum vergessen.

3

Ich war etwa fünf Jahre alt, als Jackie begann, meine Mum abends zu begleiten, um ihr beim Putzen der Büros in der Fleet Street und Tottenham Court Road zu helfen. Mein Dad und ich waren dann allein zu Hause, und in neun von zehn Fällen schlief er in seinem Sessel ein. Ich beschäftigte mich meistens mit meinen Comics, zeichnete oder sah fern, und Gerry – der ja schon am Nachmittag einige Pints versenkt hatte – war meistens ziemlich weggetreten. So dauerte es nicht lange, bis ich mich langweilte.

Für einen kleinen, auf sich allein gestellten Jungen war die Wohnung kein besonders spannender Ort. Um die Zeit rumzubringen, wenn ich nicht zeichnete, betrachtete ich mich in jeder einzelnen spiegelblanken Kachel am offenen Kamin oder studierte das Zifferblatt der großen Mahagoni-Pendeluhr, die Dot aus einem Katalog bestellt und oben auf den Kaminsims platziert hatte. Aber das hielt natürlich nicht lange an, und nachdem gleich vor der Haustür immer eine Menge los war, siegte über kurz oder lang meine Neugier.

Eines Abends beschloss ich, zu einem kleinen Spaziergang aufzubrechen. Um sicherzugehen, dass ich Gerry nicht weckte, klemmte ich ihm jeweils ein Kissen an die Ohren, dann zog ich einen Stuhl an unsere »Haustür«, schob den Riegel zurück und schlich mich so leise wie möglich nach draußen.

Eine Weile wanderte ich im Laubengang vor den Wohnungstüren auf und ab, bis ich den Mut aufbrachte und die Treppe hinunterging. Zufällig war David, ein Junge aus dem Turnpike House, der etwas älter war als ich, ebenfalls seinen Alten ausgebüxt. Vor den Mülltonnen stieß ich auf ihn. Wir grinsten uns an.

»Also, John!«, sagte David viel zu laut für meinen Geschmack und fragte mich hinterlistig, ob ich mit runter in die Tiefgarage wolle.

»Tolle Idee«, flüsterte ich, und schon stapften wir kichernd und rempelnd die Treppe hinunter.

Die Tiefgarage war für die Anwohner der Siedlung gedacht, wurde aber auch von anderen auf vielfältige Weise genutzt. Ältere Jungs brachten ihre Freundinnen zum Knutschen hierher, in den dunklen Ecken hingen Klebstoffschnüffler rum, meistens grunzten sie wie eine Horde Orang-Utans und waren so hinüber, dass sie nur noch vor sich hin lallten. Die Polizei wusste davon und tauchte hin und wieder auf, worauf die Klebstoffschnüffler in alle Richtungen auseinanderstoben; in der Regel wurden ein paar geschnappt, man schaffte sie zu ihren Eltern und legte denen die leeren, nach Kleber riechenden Chipstüten als Beweismittel vor.

Studenten aus der nahe gelegenen City University fielen am Ende des Trimesters in die Tiefgarage ein, klauten Autos und fuhren mit ihnen in den Ferien nach Hause. Relativ häufig geschah es, dass Anwohner unserer Siedlung dort, wo sie am Vortag ihren Wagen abgestellt hatten, nur noch einen Ölfleck auf dem Boden vorfanden.

An jenem Abend, als David und ich in die Tiefgarage gingen, steuerte er schnurstracks auf eine Reihe glänzender Autos zu und beäugte einen wunderschönen roten Ford Cortina mit Chrom-Zierleisten. Ich wusste es noch nicht, aber David hatte vor, ihn anzuzünden. Fragen Sie mich nicht, warum – ich weiß nicht mehr, was mich dazu getrieben hat –, aber als David eine Streichholzschachtel rauszog, mich ansah und aufforderte, von den Mülltonnen alte Zeitungen und Abfall zu holen, widersetzte ich mich nicht. Ich hielt alles für einen großen Spaß. Wahrscheinlich waren wir viel zu klein oder viel zu blöd, um uns die Konsequenzen auszumalen.

Zusammen stopften wir die Zeitungen und den Müll unter den Cortina, traten zurück, und David flüsterte: »Fackeln wir ihn ab!« Ich zündete ein Streichholz an und hielt die Flamme ans Papier. Als nichts geschah, zündete ich weitere an und warf sie unter den Wagen. Und dann, als die Flämmchen gerade so aufloderten, hielt plötzlich neben uns ein Streifenwagen, und zwei riesige Polizisten stiegen aus.

»Hey, ihr beiden!«, rief einer von ihnen. »Was treibt ihr da? Habt *ihr* das Feuer gelegt?«

David und ich waren starr vor Schreck. Ich hatte bis dahin noch nie in ernsthaften Schwierigkeiten gesteckt. Zwar war ich den Anblick von Polizisten auf dem Gelände gewöhnt, hatte mir aber nie vorstellen können, dass sie hinter mir her sein könnten. Ich hatte also eine Heidenangst. Bevor wir auch nur bis drei zählen konnten, hatten die Polizisten das Feuer erstickt und uns auf den Rücksitz des Streifenwagens verfrachtet.

»So, und jetzt bringen wir euch nach Hause«, sagten sie.

Während sie die Ausfahrt ansteuerten, wies David sie darauf hin, dass sie die Anlage nicht verlassen mussten, weil unsere Wohnungen direkt über der Tiefgarage lagen. Er war viel cooler als ich und hatte auch nicht so viel Schiss. Ich saß mit fest zusammengekniffenen Augen da und musste daran denken, was meine Eltern sagen und tun würden, wenn ich in Begleitung von zwei Polizisten auftauchte. Und dann fing David neben mir auf dem Rücksitz auch noch zu kichern an.

»Was lachst du so?«, fragte einer der Polizisten, drehte sich um und musterte David.

»Er«, gackerte David und zeigte auf mich. »Er hat sich in die Hosen gemacht.«

»O nein, das hat er nicht, oder?«, erwiderte der Polizist, beugte sich zu mir nach hinten und schnupperte.

»Oh, verdammt, tatsächlich. Geschieht ihm ganz recht!«

Und dann war ich im Aufzug des President House und kam mir vor, als würde man mich nicht nach Hause bringen, sondern ins Gefängnis stecken.

Gerry war wütend, als er von zwei an die Tür klopfenden Polizisten geweckt wurde. Ich hätte mich zu dieser Abendzeit nicht mehr allein draußen aufhalten dürfen, geschweige denn versuchen sollen, ein Auto abzufackeln. Und um dem allem noch die Krone aufzusetzen, zitterte ich am ganzen Leib und stank erbärmlich.

»Du kleiner Rotzlöffel«, fauchte Gerry, als die »Bullen«, wie er die Polizisten genannt hatte, wieder fort waren. »Warte, bis deine Mutter das hört, du Scheißer.« Er brachte mich ins Badezimmer, bearbeitete mich sehr unsanft mit der Bürste und verfluchte mich lauthals. Ich hoffte, bei Mum auf mehr Verständnis zu stoßen, aber als sie später nach Hause kam und von Gerry erfuhr, was ich angestellt hatte, bekam ich von ihr nur eins hinter die Ohren.

So ging das mindestens eine Woche. Den ganzen Tag lang, bis ich abends ins Bett ging, hörte ich ihr Geschrei und ihre Flüche, und wenn ich am nächsten Morgen aufstand, fing es wieder von vorn an. Wenn ich mich zum Zeichnen in mein Zimmer einschloss, hörte ich Gerry und Dot, wie sie sich bei Malcolm, David und Jackie darüber ausließen, was für ein verzogener Balg ich sei. Meine Brüder und meine Schwester legten wie immer ein gutes Wort für mich ein, aber leider dauerte es nicht lange, bis ich sie alle erneut enttäuschte.

Gut eine Woche nach der ersten Begegnung mit den Gesetzeshütern war mir wieder todlangweilig, und wieder überkam mich die Lust auf einen kleinen Spaziergang. Diesmal nahm ich mir vor, mich nicht allzu weit zu entfernen und keine Dummheiten zu machen, dann sollte mir auch nichts passieren. Gerry hatte, als er vom Pub heimkam, einige Pints Cider intus und schnarchte noch lauter als sonst. Auf Zehenspitzen schlich ich mich an ihm vorbei, öffnete die knarrende Tür, lehnte sie nur an, damit ich später wieder reinkonnte, und verschwand. Zunächst schlenderte ich ziellos durch die Gänge und über die Treppe, überlegte, was ich als Nächstes tun könnte, als mir zwei ältere Jungs über den Weg liefen, Terry und Derek. Sie mussten dreizehn oder vierzehn gewesen sein, sie trugen zerrissene T-Shirts, wie Punks sie damals gern hatten, und bildeten sich eine Menge darauf ein. Ich hatte einen Mordsrespekt vor den beiden.

»Was machst du zu dieser Zeit noch hier draußen, John?«, fragte Terry.

»Mein Dad schläft seinen Rausch aus«, antwortete ich und kam mir dabei wahnsinnig erwachsen vor. »Ich lauf nur ein bisschen rum, das ist alles. Ich hab die Tür angelehnt.«

Sie tauschten einen schnellen Blick aus. »Na, dann schaffen wir dich am besten mal wieder nach Hause, was?«, sagte Derek und bestand darauf, mich zur Wohnung zurückzubringen. Nachdem ich Gerry schon mit meinem letzten Ausflug so auf die Palme gebracht hatte, bekam ich es jetzt mit der Angst zu tun.

»Sagt dem alten Sack aber nicht, dass ich draußen war«, flehte ich sie an.

»Nein, natürlich nicht, John. Wir bringen dich nur nach Hause … damit dir auch nichts passiert, keine Sorge.«

Sie stießen die Tür auf und traten mit mir in die Wohnung. Gerry ratzte immer noch vor sich hin, aber statt mich nur abzuliefern und wieder zu gehen, begann einer der beiden die Hausbar im Wohnzimmer zu durchsuchen und steckte sich eine Flasche Gin ein, während der andere sich neben Gerry hinkniete und ihm das Portemonnaie aus der Hosentasche stibitzte. Ich stand nur schweigend in der Ecke, sah alles mit an, konnte aber nichts tun. Am liebsten hätte ich losgebrüllt und Gerry geweckt, aber damit hätte ich mich zwangsläufig selbst verraten.

Das alles dauerte keine zwei Minuten. Als sie gehen wollten, stieß allerdings einer der beiden gegen den Geschirrschrank und brachte die Gläser darin zum Klirren. Gerry schreckte hoch, riss die Augen auf, entdeckte die beiden Jungs, schoss aus seinem Sessel, griff nach dem Nächststehenden und bekam Terry gerade noch am Ärmel zu fassen. Derek nahm Reißaus, ohne sich auch nur einmal umzublicken. Dad musterte Terry nur schweigend, verpasste ihm einen kräftigen Schlag aufs Maul und sagte ihm, er solle sich verpissen. Ein paar Tage später hörte ich, dass sich Malcolm auch Derek vorgeknöpft und ihm die gleiche Behandlung hatte zuteil werden lassen. Terry und Dereks Eltern hielten sich aus der Angelegenheit raus – so ging man damals mit Kindern um. Hatte man etwas ausgefressen, holte man sich seine Strafe ab und beschwerte sich nicht.

Natürlich war ich damit berechtigterweise erneut in Ungnade gefallen, aber diesmal bekam ich nicht allein das ganze Fett ab. Die beiden Älteren waren in sehr viel größeren Schwierigkeiten. Trotzdem kriegte sich Gerry kaum ein, brüllte die ganze Nacht herum, was für ein hirnloser Idiot ich sein müsse, wenn ich mich mit solchen Pennern herumtrieb. Ich versuchte ihm zu erklären, dass es so nicht gewesen sei, aber er wollte nichts davon hören. Im Rückblick kann ich sagen, dass sich mit diesem Ereignis Gerrys Meinung über mich unwiderruflich geändert hatte. Obwohl ich noch sehr klein war, schien er zu dem Schluss gekommen zu sein, dass mir nicht ganz zu trauen war.

In der Zeit kam ich in die Moreland Primary School. Sie lag

gegenüber der Gordon's Gin-Destillerie in der Goswell Road, gleich neben unserer Wohnung. Wenn Dot an der Spüle stand, konnte sie direkt auf den Spielplatz der Schule sehen. Dank der vielen Chips und Süßigkeiten sowie der Tatsache, dass ich viel Zeit zu Hause vor dem Fernseher verbrachte oder in meinem Zimmer malte, war ich zu einem recht pausbäckigen Kind geworden. Davor war mir das nie aufgefallen, in der Schule aber wurde mein Gewicht plötzlich zum Problem. Meine Mum und Jackie waren beide schlank, Gerry war ein schwerer Mann, und einige andere Familienmitglieder waren das, was man wohlwollend als »gut gebaut« bezeichnen konnte. Ich war immer auf der kräftigen Seite gewesen, zu Hause aber hatte ich mir darüber nie Gedanken gemacht, ich war mir nie als Außenseiter vorgekommen. Jetzt war das anders. Verglichen mit den normalgewichtigen Fünf- und Sechsjährigen in meiner Klasse war ich eine Wuchtbrumme. Mein Gewicht verunsicherte mich. Wenn ich von der Schule nach Hause kam, fragte ich meine Mum, ob sie mich für dick hielt, aber sie tat die Frage nur mit einem Lachen ab und erzählte mir nicht ohne Stolz, dass ich noch »am Wachsen« sei.

Die Kids in der Schule hatten andere Ausdrücke für mich. Sie nannten mich »den Dicken« oder Billy Bunter oder Fatty Arbuckle. Auch Giant Haystacks und Big Daddy waren Namen, die man mir gab und die mir durch den Kopf schwirrten, wenn ich mir am Samstagmorgen im Fernsehen Wrestling ansah.

Die Sticheleien nahmen bald so überhand, dass ich allein deswegen die Schule zu hassen begann. Der Turnunterricht war immer eine Qual, zumal ich auch noch an Asthma litt. Nach zwei Minuten körperlicher Anstrengung war ich völlig außer Atem und hustete mir die Lunge aus dem Leib wie ein alter Raucher, der vierzig Kippen am Tag durchzog. Obwohl ich sehr darunter litt, erzählte ich keinem in der Schule oder zu Hause davon, wie schlimm alles war. In den siebziger Jahren gab es keine Beschwerde- und Beratungseinrichtungen, man wurde nicht so behütet wie heute – man machte einfach weiter.

Dot sah sicherlich, wie viel Pfunde ich auf die Waage brachte, sie wusste, dass ich ein Problem mit meinem Gewicht hatte, trotzdem hielt sie mich nie davon ab, alles, was ich wollte, wann immer ich wollte, in mich hineinzustopfen. Sie gab mir immer zehn Pence für nachmittägliche Chipstüten oder Süßigkeiten, obwohl ich gerade zu Mittag einen riesigen Teller mit Kotelett und Kartoffelbrei und dazu eine Handvoll Vanillecremekekse verdrückt hatte.

Einer der Gründe dafür war sicherlich, dass Mum und Dad Kriegskinder waren. Sie waren beide 1939 geboren und hatten die Zeiten der Lebensmittelrationierung miterlebt, und wie für viele ihrer Generation zeugte es nur von Liebe und Fürsorge, wenn sie ihre Kinder so oft wie möglich verwöhnten. Damals machte keiner eine Diät, wahrscheinlich glaubte Dot, mein Babyspeck würde von ganz allein verschwinden, wenn ich nur größer und älter würde.

»Keine Sorge, er ist noch ein Kind, das wächst sich raus« – diesen Satz bekam ich damals sehr oft zu hören. Das redeten sich die Eltern in einer Gegend wie der unseren ständig ein. Leider stimmte es nicht immer.

Außerhalb der Schule erkundete ich immer mehr die Wohnanlage und die Gegend drumherum. Die Bewohner des Turnpike House machten mich neugierig, und es gab immer eine Menge Neues zu entdecken, wenn man über den King Square Park und durch die angrenzenden Straßen strolchte. Die Eltern ließen ihre Kinder damals wesentlich mehr von der Leine. Die Angst, sie könnten einem Fremden in die Hände fallen, war weit weniger ausgeprägt als heute; wenn wir Fremde sahen, lachten wir meistens über die in unseren Augen so sonderbaren Käuze, schissen uns aber nicht gleich an vor Angst. Und es gab eine Menge Gestalten, die reichlich Stoff für Unterhaltung boten.

War man am frühen Abend unterwegs, so war die Wahrscheinlichkeit groß, dass man der alten Nelly über den Weg lief, wenn sie aus dem Pub torkelte und aus Leibeskräften Kriegsballaden oder alte Music-Hall-Songs schmetterte. Nelly war eine ältliche Jungfer, die Männer nicht mochte, gegen ein Gläschen aber nichts einzuwenden hatte. »It's a long way to Tipperary …«, grölte sie oft. »It's a long way to go …«

Ihr Gesang wurde dann urplötzlich von zersplitterndem Glas übertönt, weil einer der Anwohner sie vom Balkon aus mit Weinflaschen bewarf. »He, halt die Klappe!«, hörte man, und gleich darauf folgte das nächste laute Klirren. Aus irgendeinem Grund waren die Flaschen immer mit bunten Badesalzen gefüllt, und wundersamerweise konnte Nelly ihnen immer unbeschadet ausweichen.

»Goodbye, Piccadilly, farewell, Leicester Square …«

Klirr!

»It's a long, long way to Tipperary …«

Klirr!

»But my heart's right there!«

Klirr! Klirr! Klirr!

Auch Joe Curran gehörte zum Inventar der Gegend. Er war ein älterer jüdischer Herr und erzählte jedem, dass er als Seemann an einer berühmten Schlacht im Zweiten Weltkrieg teilgenommen hatte, allerdings verriet er einem nie, welche Schlacht das gewesen sein sollte. Er fuhr einen schicken Drahtesel, und an den Tagen vor einer Wahl war er manchmal auf dem Hauptabschnitt der Goswell Road mit einem Megafon und einem Wahlplakat unterwegs und skandierte Wahlslogans.

»Wählt Labour!«, stimmte er in der einen Woche an. In der

Nellys Gesangseinlage, während Flaschen auf sie niederprasselten.

nächsten hörte man: »Unterstützt die National Front!« Oder »Margaret Thatcher als Premierministerin!«

Daneben kommentierte er alles, was gerade im Land abging. Ich erinnere mich, wie er sich über die Ausschreitungen beim Notting Hill Carnival ausließ und im selben Atemzug auf Harold Wilsons Rücktritt zu sprechen kam, als hätten die beiden Ereignisse irgendetwas miteinander zu tun. Ich konnte das damals natürlich nicht beurteilen, aber nach den amüsierten Blicken der Älteren zu schließen, ergaben seine Vorträge wohl nur selten Sinn.

Joe Curran war auch für andere Dinge berüchtigt. Er durchstöberte Mülleimer und quatschte einem ein Ohr ab, wenn er sich über die wunderbaren Dinge ausließ, die er dort fand – mochten es Sex-Pistols-Platten mit einem Kratzer sein, von denen er glaubte, er könnte sie noch reparieren, oder kaputte Küchenmixer, mit dessen Teilen er ein halbes Dutzend andere Dinge flicken wollte.

Joe hatte der Reihe nach mehrere Hunde, von denen er immer mächtig schwärmte. Weiß Gott, woher er sie hatte – immer waren es Promenadenmischungen, höchstwahrscheinlich Streuner –, aber wenn sie ein gewisses Alter erreicht hatten und er von ihnen genug hatte, entledigte er sich ihrer, als wären sie ein in Mülleimern gefundenes Stück Abfall. Er fuhr mit dem Bus oder Zug nach Wanstead, weit draußen im Osten von London, und ließ die Tiere von der Leine. Warum Wanstead? Keine Ahnung – jedenfalls lag es gut vierzig Kilometer entfernt, und er hoffte wohl, dass die Hunde nicht mehr nach Hause fanden. Wenn sie wie durch ein Wunder doch wieder in der Siedlung auftauchten, dann, so munkelten wir Kinder, würde Joe sie umbringen. Im Rückblick muss ich sagen, dass ich die Hunde, die sich in der Siedlung herumtrieben, alle gemocht habe – die Gerüchte, die man über Joe Curran verbreitete, beunruhigten mich daher ohne

Ende. Ich konnte einfach nicht begreifen, wie er so etwas tun konnte, weil er doch sonst einen so harmlosen Eindruck machte.

Sehr ans Herz wuchs mir ein schwarzer Schäferhund namens Max, den in Islington jeder kannte. Ich weiß nicht, ob er irgendjemandem gehörte, aber man sah ihn immer in der Wohnanlage, er rannte dort die Treppen rauf und runter und durch den Park, immer gefolgt von einer Reihe Nachbarkinder, die ihm hinterherjagten. Er war ein schöner, lebhafter Hund, trieb sich aber gern mit einem schmuddeligen kleinen, braun-weißen Köter namens Whiskey herum, der bei Weitem nicht so beliebt war. Keiner schenkte ihm besondere Aufmerksamkeit, manche der älteren Jugendlichen traten sogar nach ihm, um ihn zu verscheuchen. Daher war er äußerst schreckhaft. Mir tat er immer leid, deswegen umarmte ich ihn, wann immer ich konnte, und streichelte ihm den Kopf, wie ich es jetzt mit George tue. Eines Tages wurden Max und Whiskey auf einer belebten Straße nahe der Old Street überfahren, was mich, als ich davon hörte, fürchterlich mitnahm. Ich weiß nicht, ob Gerry Mitleid mit mir hatte oder nur wollte, dass ich endlich zu jammern aufhörte, jedenfalls bekamen wir nicht lange danach eine kleine schwarze Promenadenmischung namens Butch.

Ich war fast zehn, als Butch in mein Leben trat, und vom ersten Augenblick an wurde er *mein* Hund – ich war es, der mit ihm Gassi ging und mit ihm zu Hause spielte. Bald darauf brachte ich Butch ein paar Befehle bei: Sitz, bei Fuß, aus – grundlegende Dinge, die aber notwendig waren. Er war in jeder Hinsicht ein Hund, mit dem man seinen Spaß haben konnte. Das fing bereits mit seinem Namen an. Er war alles andere als ein *»butch«*, ein muskelbepackter Macho. Wer immer ihm den Namen gegeben hatte, musste sich weggeworfen haben vor Lachen. Er war ein mickriges Kerlchen, das schnell Panik schob, aber wenn man ihm die Faust an die Schnauze hielt, fletschte er die

Zähne und knurrte. Das Beste an Butch war das Gassigehen. An den Wochenenden oder in den Ferien stand ich ganz früh auf, warf mir ein schnelles Frühstück ein, und dann war ich mit ihm den ganzen Morgen in der näheren Umgebung oder im Barbican Estate unterwegs, der damals noch sehr neu war. Er war ein toller kleiner Hund, die Leute kamen auf uns zu, wenn sie ihn sahen, streichelten ihn oder machten ihm Komplimente. Wenn ich mit Butch unterwegs war, konnte ich alles andere ausblenden – ich dachte nur daran, wohin wir als Nächstes gehen wollten. Die Hänseleien in der Schule, meine Gewichtsprobleme oder der Zoff mit Mum und Dad waren schlagartig vergessen. Die Welt lag mir zu Füßen, die Londoner Straßen waren mit Gold gepflastert – so fühlte ich mich, wenn ich als kleiner Junge mit meinem Hund unterwegs war.

4

Alles war für mich sehr viel einfacher und angenehmer, als ich noch klein war – von der Schule mal abgesehen. Wir waren arm, keine Frage, wir wohnten in einer riesigen Sozialbausiedlung, aber wenn die Sonne schien, gab es keinen besseren Ort. Damals freute ich mich, wenn der städtische Spielbus vor unserer Wohnung haltmachte. Gesteuert wurde er von zwei dicken alten Damen, die ihn mitten auf dem Rasen des King Square parkten, und sämtliche Kinder aus den umliegenden Wohnungen fielen über ihn her wie ein Schwarm Heuschrecken. Die beiden Frauen zogen die Seitenwände nach unten, und zum Vorschein kamen Kletterseile und mit Öffnungen versehene Plastikwände, sodass das ganze Gefährt aussah wie ein riesiges Steckspielzeug, in das Kleinkinder quadratische oder dreieckige Klötzchen stecken konnten. Neben dem Bus bauten sie eine große aufblasbare Matratze auf, bei der man gewaltigen Anlauf nehmen musste, um auf sie zu gelangen. Sie war in der Fläche so groß wie zwei Doppeldeckerbusse zusammen, und man musste schon einiges draufhaben, wenn man sich dort oben behaupten wollte. Aber war man erst einmal oben, konnte man bis in den Himmel hopsen. Es gab bei uns keinen Rummelplatz, wir brauchten ihn auch nicht; der Spielbus war unsere Hüpfburg.

Immer kurz nachdem der Spielbus auftauchte, hörte man in der Ferne das Klingeln des Eisverkäufers. Wenn sein Wagen vorfuhr, sprangen alle Kinder aus dem Bus, rannten zu ihren Müttern und bettelten um zehn Pence, damit sie sich ein Eis kaufen konnten. Andere Kinder spähten zu den Fenstern im Turnpike oder President House hinauf und schrien aus Leibeskräften, um die Aufmerksamkeit ihrer Mütter zu erregen.

Ich war da keine Ausnahme. Einmal fragte ich meinen Bruder David, der auf dem Rasen lag und sich sonnte, ob er mir Geld für ein Eis geben wolle.

»Die, die fragen, bekommen nichts, und die, die nicht fragen, wollen nichts«, lautete seine Antwort.

Verwirrt stand ich vor ihm und versuchte zu verstehen, was er mir gesagt hatte. Ich muss wohl nicht erwähnen, dass ich an jenem Tag kein Eis bekommen habe; ich saß auf der Bank, sah zu den anderen Kindern, die ihres wegschleckten, und zermarterte mir das Hirn über die Bedeutung seiner Worte.

An anderen Tagen spielten wir alle Soldaten. Irgendjemand hatte einen Schlüssel für den Fahrradschuppen in einer der anderen Anlagen, dort brachen wir ein, und dann war einer der Hauptfeldwebel, und die anderen mussten seinen Befehlen Folge leisten und im Schuppen herummarschieren. Manchmal hörten wir auch Musik aus einem Kofferradio und grölten lautstark mit, wenn unsere Lieblingsstücke wie »Video Killed the Radio Star« von den Buggles gespielt wurden.

Für sechzig Pence konnte man sich im Süßigkeitenladen eine Red-Bus-Rover-Fahrkarte kaufen, die in jedem Bus gültig war. Wir stiegen hinten auf die alten Routemaster-Doppeldeckerbusse und gondelten stundenlang auf unserer ganz persönlichen London-Tour durch die Stadt und besichtigten den London Dungeon, die HMS Belfast und die Royal Festival Hall an der Themse.

Wenn wir unser Taschengeld verprasst hatten, spielten wir Tin-Can Tommy, eine Mischung aus Fangen und Verstecken. Ich hatte schwer zu tun, um mit den anderen mitzuhalten, weil mir wegen meiner überschüssigen Pfunde und des Asthmas schnell die Puste ausging. Obwohl ich mich damals so viel bewegte, hatte ich einen Rettungsring um die Hüfte und ein Doppel-, um nicht zu sagen Dreifachkinn. Im Alter von neun Jahren schleppte ich 82 Kilo mit mir herum, was umso alarmierender war, da ich nur 1,22 Meter groß war. Aber es wurde nicht besser: Je mehr sich die anderen in der Schule über mich lustig machten, desto dicker wurde ich. Ich fraß mich durch Berge von Chips, Süßigkeiten und Eis, ich vertilgte alles, was mir in die Finger kam. Eines Tages, als ich mich krank stellte, um nicht in die Schule zu müssen, hörte ich von draußen Lärm. Ich ging ans Fenster, um nachzusehen. Auf dem Dach des Turnpike House drehte eine Filmcrew das Video für Pink Floyds »Another Brick in the Wall«. Ich sah ihnen beim gesamten Dreh zu, und mir war, als wäre ich selbst Teil dieses Videos. Ich stellte mir vor, ich wäre der große Star auf dem Set eines Hollywood-Films. Natürlich habe ich das Video seitdem oft im Fernsehen gesehen, und es geht mir immer noch unter die Haut. Ich war genau eines dieser Kids, von denen Roger Waters singt: Die Schule war für mich ein Gefängnis.

Im Rückblick auf mein bisheriges Leben könnte man sagen, dass ich für die Schule nicht gemacht war. Mathematik und Englisch blieben mir immer fremd, Erdkunde und Geschichte langweilten mich zu Tode. Das einzige Fach, in dem ich irgendetwas zustande brachte, war der Kunstunterricht. Hier kapierte ich alles, ohne dass der Lehrer es zigmal erklären musste. Intuitiv schien ich zu wissen, wie das mit dem Zeichnen ging. Natürlich schadete es nicht, dass ich eine Zeit lang Comics kopiert hatte, trotzdem musste ich nie lange nachdenken, wenn ich ein Bild zu Papier bringen wollte. In den langweiligen Fächern kritzelte ich immer vor mich hin, immer hatte ich einen Bleistift oder einen Filzstift parat und zeichnete, was mir gerade in den Sinn kam – die Gesichtszüge eines Menschen, ein schnelles Porträt von Butch oder etwas anderes, das ich an dem Tag zufällig gesehen hatte.

Im Lauf dieses Schuljahrs bekam mein Bruder David mit, welchen Kummer mir mein Aussehen machte. Er ertappte mich dabei, wie ich vor dem Spiegel den Bauch einzog, damit ich schlanker aussah. Er sagte nichts, eines Tages aber holte er mich nach der Schule ab. Bevor ich ihn irgendetwas fragen konnte, meinte er: »Ich weiß von den Hänseleien, John, und ich weiß, dass es für dich sehr schwer ist. Ich nehm dich mit in meinen Club, da wirst du boxen lernen.« Das würde helfen, sagte er; wussten die anderen erst mal, dass ich ein Boxer war, würden sie nicht mehr so auf mir herumhacken. Ich hätte am liebsten losgeheult – so gesegnet fühlte ich mich, dass mein großer Bruder auf mich aufpasste.

Ich sehe es immer noch vor mir, wie ich das erste Mal voller Angst den Club betrat. Alles kam mir unter den gleißenden Scheinwerfern so groß und grell vor. In der Mitte der Halle lag der Ring, in dem zwei kräftige Typen aufeinander eindroschen. Das andere, woran ich mich erinnere, sind die Geräusche: die tiefen, dumpfen Schläge. David gab mir eine Turnhose und ein Unterhemd und unterzog mich einem harten Aufwärmtraining, bei dem ich springen, laufen, Scherensprünge und Sit-ups absolvieren musste. Ich schämte mich, weil gelegentlich mein dicker Bauch auf und ab wabbelte, aber nach einer Weile war ich drin und schlug erst auf einen weichen, dann auf einen harten Sandsack ein und lernte, wie ich die Beine zu bewegen hatte. Es war ziemlich anstrengend, ich schnaufte und keuchte, aber ich blieb dabei. David hatte mir gesagt, wie wichtig die Beinarbeit sei, also konzentrierte ich mich darauf und achtete auf jedes Wort des Trainers.

Ich als Junge beim Boxen.

»Genau, du musst tanzen, wenn du zuschlägst. Schweben wie ein Schmetterling!«

Das Boxen war für mich ein richtiger Ansporn. Nachdem ich einen Monat lang zweimal die Woche teilgenommen hatte, war ich bereit für den Ring. Ich wurde den Jungs zugeteilt, die vier oder fünf Jahre älter waren als ich – schließlich kämpfte man in Gewichts-, nicht in Altersklassen, und nur Teenager wogen über 80 Kilo so wie ich. Aber ich behauptete mich, und mit jedem Sparringskampf wuchs mein Selbstvertrauen. Es dauerte nicht lange, und ich träumte davon, wie Sylvester Stallone in *Rocky* auszusehen und auf dem Spielplatz jeden, der sich über mich lustig machte, windelweich zu prügeln. Das musste ich mir nur vorstellen, schon ging es mir besser. Viel zu lange hatten mich die anderen schikaniert, aber jetzt hatte ich das Gefühl, dass es damit endgültig vorbei wäre. Ich sah optimistisch in die Zukunft.

5

Das Training im Boxclub und das Abhängen in der Siedlung gehören zu meinen glücklichsten Erinnerungen. Das Leben war bestimmt von angenehmen Dingen, die sich mit einer gewissen Verlässlichkeit wiederholten, und ich hatte das Gefühl, dass es ziemlich gut lief. Ich mauserte mich zu einem ganz passablen Boxer, meine Beinarbeit verbesserte sich zusehends, und ich nahm ab. Als Dot sah, dass mir meine Sachen nicht mehr passten, lächelte sie wissend. Sie machte mir die Schuluniform enger. Wahrscheinlich war ich selbst von meiner Verwandlung am meisten überrascht. David war ziemlich stolz und veranstaltete einigen Wirbel um mich. Sogar Gerry, sonst immer extrem zurückhaltend, hatte es sich angewohnt, mich »Champ« zu nennen.

»Junge, ich muss dir was erzählen«, sagte er eines Tages.

Seine Stimme war ganz rau, und ich wusste sofort, dass es nicht ums Boxen ging oder um Comics oder um Butchs unmögliches Benehmen in der Wohnung. Ebenso wenig glaubte ich, dass er mir wegen irgendwas den Kopf waschen wollte. Nein – bei seinem Ton war mir sofort klar, dass es um Wichtigeres gehen musste; nur wusste ich nicht, wie wichtig und einschneidend, wie lebensverändernd seine nächsten Worte für mich sein würden.

Ich hatte ihn auf dem Nachhauseweg von der Schule getroffen. Er war gerade aus dem Pub gekommen und mit mir zum Zeitungshändler um die Ecke gegangen, so wie er es manchmal tat, wenn er mir einen Comic kaufen wollte. Bei diesen seltenen Gelegenheiten saßen wir dann später zusammen auf dem Wohnzimmerboden, und er suchte sich die Bilder aus, die ich für ihn abzeichnen sollte. Wenn ich zeichnete, kam von ihm keinerlei Kommentar. Es genügte ihm zu sehen, dass ich sein zeichnerisches Talent geerbt hatte.

Auf dem Weg zum Zeitungshändler fragte er mich meistens, welchen Comic ich haben wollte. Damals verschlang ich gerade die Judge-Dredd-Reihe und wäre auf die Frage also gut vorbereitet gewesen. Diesmal aber war er sehr schweigsam und ließ auf sein »Ich muss dir was erzählen« eine ganze Weile nichts folgen.

»Was, Dad? Was ist? Du wolltest mir doch was erzählen!«, beharrte ich. Ich platzte fast vor Neugier.

»Tut mir leid, Junge, ich hab einen Fehler gemacht. Du bist noch zu jung, du verstehst das noch nicht. Ich erzähle es dir später ... wenn du älter bist«, wich er aus.

Ich war ein Boxer, ein Kämpfer – groß und alt genug, um jeden Schlag auszuhalten.

»Komm schon, Dad! Was ist? Warum kannst du es mir nicht jetzt sagen? Bitte, Dad! Das ist nicht fair.«

Er schüttelte den Kopf und sah zu Boden. »Nein, mein Junge, wenn du älter bist.« Er klang entschiedener. »Wenn du älter bist«, wiederholte er. »Ich erzähl es dir, wenn du älter bist, okay?«

Es war nicht okay, nicht für mich. Den ganzen Weg durch die Siedlung, die Treppe hinauf und auch noch im Gang zu unserer Wohnung bettelte ich an ihn hin.

»Komm schon, Dad, bitte! Dad, Dad, Dad, bitte! Verdammt noch mal, sag es mir!«

Bei diesen Worten blieb er stehen und sah mich an. Ich fürchtete schon, er wäre sauer auf mich, aber als er den Schlüssel ins Schloss steckte, sagte er nur leise: »In Ordnung, ich erzähl's dir.«

Ich musste warten, bis wir in der Wohnung waren. Wir sagten meiner Mum in der Küche Bescheid, dass wir da seien, und gingen durchs Wohnzimmer ins Schlafzimmer. Er schloss die Tür und forderte mich auf, mich neben ihm aufs Bett zu setzen. Dann nahm er seine Mütze ab, legte mir sanft den Arm um die Schulter und drückte mich leicht. Das tat er sonst nie. Er war keiner, der Gefühle zeigte oder Zuneigung zum Ausdruck brachte. Mein Herz schlug schneller. Ich versuchte weiterhin gleichmäßig zu atmen, denn jetzt war mir klar, dass nichts Gutes kommen würde. Ich wollte mich wappnen. Mein Dad atmete tief durch und teilte den gefürchteten Schlag aus.

»Junge, Folgendes. Du weißt, du nennst mich Dad, und deine Mum nennst du Mum. Na ja, ich weiß nicht, wie ich das sagen soll, aber wir sind nicht deine richtige Mum und dein richtiger Dad. Was ich meine … wir sind deine Großeltern. Verstehst du, was ich dir sagen will, John?«

Die Zeit blieb stehen. Ich schaute ihm fest in die Augen, um ihm zu zeigen, dass ich keine Angst hatte. Trotzdem konnte ich die Tränen nicht zurückhalten. Mein Herz pochte mir laut in den Ohren. Warum erzählte er solche Lügengeschichten? Was hatte ich getan, damit er so etwas sagte? Wie konnte er behaupten, nicht mein Dad zu sein?

»Das stimmt nicht«, sagte ich nach gefühlt einer Stunde. »Du lügst! Es kann nicht stimmen … oder, Dad?«

»Es ist leider wahr, John, und es tut mir leid, dass du es jetzt, auf diese Weise, zu hören bekommst. Aber du musst dir keine Sorgen machen. Es ändert sich ja nichts. Nichts ist anders. Wir lieben dich genauso wie vorher auch. Wir lieben dich sogar noch mehr, weil du für uns noch kostbarer bist.«

Das haute mich um, ein satter Magenschwinger, und ich wusste, dass alles, wirklich alles die reine Wahrheit war.

Ich war zu geschockt, um Fragen zu stellen, es kam mir noch nicht einmal in den Sinn, nach meinen richtigen Eltern zu fragen. Ich war nur damit beschäftigt, wer sie nicht waren.

Gerry redete weiter, während ich vor mich hin schluchzte und mir der Rotz über das Hemd der Schuluniform lief. Meine Schultern bebten unter dem Gewicht seines Arms, ich hatte mich nicht mehr unter Kontrolle. Ich war vollkommen aufgelöst.

»Du kennst doch Tante Marilyn«, sagte er, als ich wieder zuhörte.

Ich nickte. Natürlich kannte ich Tante Marilyn. Ich sah sie nicht oft, aber sie war meine Schwester, oder?

»Also, Tante Marilyn ist deine Mum«, sagte er ganz ruhig, als wäre es das Selbstverständlichste von der Welt.

»Nein, das ist nicht wahr, Dad. Das kann nicht sein. Du bist mein Dad.«

Marilyn war Gerrys Tochter, also musste sie meine Schwester sein. Anders konnte es einfach nicht sein! Ich war völlig neben der Spur.

»Es tut mir leid, Junge, aber es ist wahr. Wie ich schon sagte, es ändert doch nichts. Du bist und wirst immer mein jüngster Sohn sein.«

Ich sah Marilyn vor mir. Ihr rundes, lächelndes Gesicht, ihre kurzen, dunklen Haare, ihre schmalen, gezupften Augenbrauen. Sie zupfte sie so stark, dass sie nur noch zwei dünne Linien waren – so war das Anfang der achtziger Jahre Mode. Mir kam das ziemlich schräg vor, sich die eigenen Haare auszureißen. Sah ich ihr irgendwie ähnlich? Ich wusste es nicht; meine Gedanken hopsten kreuz und quer durcheinander. Ich konnte mich kaum an das letzte Mal erinnern, als ich sie gesehen hatte.

Wer immer sie war – Tante, Schwester oder Mum –, ich

kannte sie nicht, nicht richtig. Zu diesem Zeitpunkt war es mir auch egal. Sie war jemand, die hin und wieder in der Wohnung auftauchte und wieder verschwand und die ich, so hatte man mir gesagt, »Tante Marilyn« nennen sollte. Sie brachte mir keine besondere Aufmerksamkeit oder Zuneigung entgegen, sie war noch nicht mal an allen meinen Geburtstagen oder an Weihnachten da gewesen. Manchmal, hatte ich das Gefühl, nahm sie mich noch nicht mal richtig wahr.

»Muss ich jetzt zurück?«, brachte ich mühsam heraus, ohne eigentlich zu wissen, was ich mit »zurück« meinte, weil ich Marilyns Wohnung nie betreten hatte. Ich wusste nur, dass sie, als ich noch kleiner war, in einem anderen Teil Londons bei ihrer Mum gewohnt hatte, aber ich hatte keine Ahnung, wo sie jetzt lebte. Ich war fast zehn, also musste sie etwa sechsundzwanzig sein. Sie führte ihr eigenes Leben außerhalb des engsten Familienkreises, und ich wusste nichts davon.

»Nein, du bist doch glücklich hier. Deine Mum liebt dich, aber natürlich musst du nicht zurück.«

Dot erschien in der Tür – vielleicht stand sie schon die ganze Zeit dort, ich weiß es nicht. Ihre gewellten blonden Haare fielen ihr über die Schultern, und ich dachte – das weiß ich noch –, dass sie überhaupt nicht wie eine Großmutter aussah. Dot war weder alt noch gebrechlich. Sie hatte sich eine geblümte Schürze umgebunden und trug wie gewöhnlich ihre lange, ausgeleierte Strickjacke. Sie sah einfach wie eine Mum aus. Wie meine Mum.

»Gerry! Was machst du da?«

»Eines Tages muss man es ihm erzählen.«

»Ja, aber warum jetzt? Und warum nicht, wenn ich auch dabei bin? Wir haben doch gar nicht darüber geredet.«

Ich glaube, Gerry wusste nichts darauf zu erwidern. Er wusste nur, dass das Geheimnis jetzt gelüftet war. Marilyn war seine Tochter, wahrscheinlich meinte er deswegen, dass es in seine

Verantwortung fiel, mir die Wahrheit zu sagen. Das war seine Wohnung, er hatte hier das Sagen. Ich weinte, und Gerry hielt mich im Arm und erzählte weiter.

Ich weiß nicht mehr, wann oder in welcher Reihenfolge ich mehr erfuhr, aber so – erzählte man mir – wurde ich in die Welt gesetzt.

Marilyn war ständig zwischen Gerry und Dot und ihrer Mutter hin und her gependelt; irgendwann mit sechzehn aber lief sie fort – zumindest bekam Gerry sie drei Monate lang nicht zu Gesicht. Als sie wieder auftauchte, hatte sie einen dicken Bauch und war im siebten Monat schwanger.

Ihr Freund aus dieser Zeit war Jimmy Dolan. Bei dem Namen klingelte es. Mir fiel ein, dass ich ihn ein paarmal in der Wohnung gesehen hatte. Ich hatte nie erfahren, warum er da war, wer er eigentlich war und mit wem in der Familie er befreundet war; er war einfach ein Typ namens Jimmy, den alle Familienmitglieder zu kennen schienen. Und wenn mich nicht alles täuschte, war keiner besonders erfreut über ihn. Ich glaube, man sagte mir auch, ich solle ihn »Onkel Jimmy« nennen, aber ich wusste, dass er nicht mein richtiger Onkel war, weil er definitiv nicht mit offenen Armen willkommen geheißen wurde.

Gerry erzählte, dass Marilyn nicht mit Jimmy zusammenziehen wollte, außerdem war sie viel zu jung gewesen, um ein Kind selbst großzuziehen. Man verständigte sich darauf, das Baby zur Adoption freizugeben. Sie brachte mich im Hackney General Hospital zur Welt, und Gerry betonte, dass Marilyn nur einen Blick auf mich werfen musste, schon hatte sie ihr Herz an mich verloren, obwohl ich der größte Schreihals auf der Station war. »Unmöglich, dass du zur Adoption freigegeben werden würdest, John – nie und nimmer. Deshalb haben deine Mum und ich dich aufgenommen. Keiner von uns wollte dich hergeben.«

Ich hatte vorher nie infrage gestellt, warum ich der Einzige in der Familie mit dem Nachnamen Dolan war. Wenn ich heute zurückdenke, überrascht mich das – wahrscheinlich war ich einfach zu jung gewesen, um mir darüber Gedanken zu machen. Wahrscheinlich hätte ich früher oder später sowieos peinliche Fragen gestellt, und wahrscheinlich hatte Gerry das dazu bewogen, alles offen auf den Tisch zu legen.

Für mich aber war das alles zu viel. Mein Vater war mein Großvater. Seine Tochter war meine Mutter. Meine Mutter war meine Oma. Und was war mit Malcolm und David? Ich hatte sie für meine größeren Brüder gehalten. Und jetzt? Sie waren was? Meine Onkel? Ich beschloss, dass es egal wäre; ich wollte sie nicht als meine Onkel sehen. Für mich wären sie immer meine großen Brüder, und Jackie wäre immer meine große Schwester. Keiner würde mir das wegnehmen.

So weit ich mich erinnere, lief mein Leben ganz normal weiter, nachdem ich das alles erfahren hatte, denn genau so wollte ich es haben. Ich sprach mit niemandem darüber, niemand sprach mit mir darüber, und ich versuchte alles zu vergessen.

»Es ändert sich ja nichts. Nichts ist anders.« Das hatte Gerry gesagt, und ich wollte, dass er recht hatte. Wenn ich ein komisches Gefühl im Magen hatte, wiederholte ich mir so lange diese Worte, bis ich mich besser fühlte.

Nach wie vor ging ich mit Butch Gassi, nach wie vor ging ich zum Boxen, nach wie vor wurde ich in der Schule gehänselt, nach wie vor aß ich am selben Tisch zu Mittag und schlief im selben Zimmer.

»Da kommt mein Bruder!«, sagte ich voller Stolz, wenn ich Malcolm oder David auf dem Weg zum President House sah. »Meine Schwester Jackie muss heute Abend auf mich aufpassen, weil Mum und Dad ausgehen«, erzählte ich meinen Freunden. Nichts hatte sich geändert, redete ich mir eisern ein. Eines Tages hörte ich, wie Gerry am Telefon Marilyn erzählte, dass er mir alles gesagt hatte. »Ich musste es ihm erzählen«, sagte er entschieden.

Danach sah ich Marilyn fünf oder sechs Monate lang nicht, was nichts Ungewöhnliches war. Als sie schließlich wieder zu Besuch kam, weigerte ich mich, in ihr irgendjemand anderes zu sehen, und auch sie benahm sich kein bisschen anders als früher. Ich nannte sie immer noch Tante Marilyn, und von ihr kam kein einziges Wort zu der ganzen Sache, damals nicht und auch später nicht. Ich war froh darum, unglücklicherweise aber lauerte hinter der nächsten Ecke bereits die nächste Überraschung.

Es dauerte nicht lange, bis Gerry erneut auf mich zukam und eine Miene aufsetzte wie an dem Tag, als er die Bombe hatte platzen lassen. Sofort krampfte sich alles in mir zusammen.

»Junge, es gibt da noch etwas, was du wissen solltest.«

»Was?«, fragte ich nervös. Am liebsten hätte ich ihm den Mund zugehalten, damit er nicht weiterreden konnte. Stattdessen schwieg ich, saß da und hörte starr vor Angst zu.

»Ich will dir die Wahrheit erzählen, Junge«, begann er. »Ich will nicht, dass du was auf die Gerüchte gibst.«

Einer unserer Nachbarn hatte gewisse Dinge in der Gegend herumerzählt, und die nächste Leiche, die unsere Familie im Keller deponiert hatte, sollte bald ans Tageslicht gezerrt werden. Er holte tief Luft, legte mir den Arm um die Schulter, wie er es auch an jenem Tag gemacht hatte, und erzählte mir das letzte Geheimnis. Jackie, meine große Schwester, war ebenfalls nicht ihre leibliche Tochter. Ich hing an seinen Lippen, meine Augen waren rund wie Untertassen, während er mir Jackies Geschichte erzählte. Auf grausame Weise war ich erleichtert, dass ich nicht der Einzige war.

Wie Gerry gesagt hatte, spielte es keine Rolle; nichts änderte sich dadurch. Ich kannte jetzt die Wahrheit, sie war schlicht und einfach eine dieser Familiengeschichten, die man abhaken und so schnell wie möglich vergessen sollte. Für mich war Jackie nach wie vor meine große Schwester.

Alles war wieder ganz normal – das redete ich mir am nächsten und am übernächsten Tag ein, bis ich restlos davon überzeugt war.

6

Nicht lange nachdem Gerry mir diese Familiengeheimnisse offenbart hatte, kam ich auf die glorreiche Idee, die Schule zu schwänzen. Hätte man mich damals gefragt, warum, hätte ich wahrscheinlich gesagt: »Es reicht, ich will nicht mehr, dass andere auf mir herumhacken. Ich halt's nicht mehr aus.« Die Hänseleien waren sicherlich schlimm, keine Frage, in der Rückschau muss ich aber sagen, dass das, was ich über meine Familie erfahren hatte, mich auf eine Art und Weise beeinflusste, die ich erst jetzt zu verstehen beginne. Ich wollte die Wahrheit nicht wahrhaben; darauf verwendete ich viel Energie, und noch mehr Energie verwendete ich aufs Weglaufen – und vor nichts konnte man leichter weglaufen als vor der Schule. Ich war nach wie vor ziemlich dick, nach wie vor stopfte ich alles in mich hinein, und das Gewicht, das ich im Boxclub verlor, schien ich woanders sofort wieder draufzusatteln. Es gab Phasen, da ging ich wochenlang nicht zum Training, aß aber unvermindert weiter, weshalb es nicht überraschen konnte, dass ich nicht über Nacht zu Rocky wurde. Und die Kids in der Schule machten es wahrlich nicht besser.

Die Schule sausen zu lassen erschien mir daher als die ideale Lösung. War ich nicht in der Schule, konnte mich keiner schikanieren, und wenn mich keiner schikanierte, würden sich alle Probleme in Luft auflösen. Niemand in meinem Alter schwänzte die Schule. Es war wohl ziemlich einzigartig, dass ein Grundschüler dem Unterricht fernblieb, aber ich hatte alles wunderbar gedeichselt. Dot und Gerry waren tagsüber in der Arbeit, und Jackie ging zu der Zeit bereits aufs College. Ich war alt genug, um allein zur Schule zu gehen, daher war es für mich ein Leichtes, mich zu verdünnisieren.

Wie immer verließ ich um zehn vor neun in meiner Schuluniform das Haus, verabschiedete mich herzlich von Butch, aber statt die Treppe hinunter- und über die Straße zur Schule zu gehen, stieg ich hinauf ins oberste Geschoss des President House. Nach einem kurzen Blick über die Schulter, so, als wäre ich einer von diesen gerissenen, mit allen Wassern gewaschenen Typen aus *Starsky & Hutch* oder *T.J. Hooker*, lief ich durch den Gang, der zum Dach führte, und wusste, dass mich dort keiner finden würde.

Auf dem Dach rauchten die älteren Jungs nachts manchmal heimlich Joints, tagsüber war man dort meistens völlig allein. Oben angekommen, rollte ich mich zusammen, bettete den Kopf auf die Schultasche und schlief so lange wie möglich. Oder ich holte Stifte und Papier heraus und zeichnete müßig vor mich hin. Das machte ich jeden Tag. Es störte mich nicht, wenn mir kalt wurde; ich war nicht in der Schule, und nur darauf kam es mir an. Das Problem war nur: Sosehr es mir auch gefiel, nicht in der Schule, sondern allein auf dem Dach zu sein, sowenig entkam ich der Langeweile. Also sah ich mich nach Dingen um, mit denen ich mich beschäftigen konnte.

Mir fiel auf, dass der Milchmann jeden Morgen gegen halb zehn die Milch auslieferte und vor jeder Tür mindestens eine Flasche abstellte. Eines Tages, nachdem ich etwa eine Stunde auf dem Dach herumgelungert hatte, ging ich nach unten, schnappte mir sämtliche Flaschen und warf sie anschließend über die Brüstung nach unten. Ich sah gar nicht, wo sie landeten, sondern hörte sie nur auf den Balkonen oder den Windschutzscheiben der geparkten Autos zersplittern. Ich war wie in Trance und tat, worauf ich Lust hatte. Leute kamen aus ihren Wohnungen und brüllten herum, aber ich scherte mich nicht um sie und machte einfach weiter. Keiner hatte mich gesehen, und was sie sich dachten, war mir scheißegal. Plötzlich hörte ich allerdings David, und das riss mich zurück in die Wirklichkeit.

»John, bist du das? John! Gnade dir Gott, wenn du das bist!«

Ich hörte seine schweren Schritte auf der Treppe und seine Stimme, die immer lauter wurde. »John, hörst du mich? Wo steckst du? John, bist du das?«

Ich konnte mich nirgends verstecken, also verstellte ich meine Stimme und tat so, als würde ich mich mit einem imaginären Kumpel unterhalten.

»Los, John, mach doch mit!«, rief ich mit der tiefsten Stimme, die ich zustande brachte. »Hilf mir, die Flaschen runterzuwerfen, John. Komm, mach schon!«

»Nein! Hör auf damit«, erwiderte ich mit meiner eigenen, hohen Stimme und versuchte, so unschuldig wie möglich zu klingen. »Nein! Ich mach das nicht. Hör auf!«

Während dieser kleinen Performance schleuderte ich allerdings unverdrossen weiter Flaschen nach unten und stellte das erst ein, als ich David um die Ecke biegen hörte.

»Nicht zu glauben, völlig durchgeknallt, der Typ!«, sagte ich im besten entrüsteten Ton und drehte mich um. »Und jetzt hat er die Fliege gemacht!«

»Was soll der Scheiß?«, schrie David. »Der Einzige, der hier völlig durchgeknallt ist, bist du, und ein beschissener Lügner bist du auch noch. Komm jetzt!«

David packte mich mit seiner riesigen Pranke am Kragen, hob

mich einfach so hoch und schleppte mich in unsere Wohnung, wo Dot schon wartete, um mir eine saftige Tracht Prügel zu verpassen.

»Ich verstehe einfach nicht, warum er so ist«, klagte sie David ihr Leid, nachdem sie mir den Hintern versohlt hatte. »Ich weiß nicht, was ich mit ihm machen soll.«

Als Gerry am Abend nach Hause kam und Dot ihm von meinem Schuleschwänzen und den Milchflaschen erzählte, rastete er aus. Er war fassungslos darüber, in was für eine Richtung ich mich entwickelte, fragte aber auch nicht nach dem Grund, sondern wollte nur dafür sorgen, dass so etwas nicht noch einmal passierte. »Du kleiner Scheißer«, wütete er. »Wage es ja nicht, so was noch mal abzuziehen. Hast du mich verstanden? *Hast du mich verstanden?*«

»Es tut mir leid, Dad. Es tut mir wirklich leid. Ich weiß nicht, warum ich es gemacht habe.«

»Weil du ein kleiner Scheißer bist, deshalb. Noch mal so was, und ich setz dich vor die Tür.«

Egal, was früher vorgefallen war, ob ich von der Polizei aufgegriffen wurde oder zwei Jungs in die Wohnung gelassen hatte, er hatte mir nie damit gedroht, mich vor die Tür zu setzen. Was er als Nächstes sagte, hallt mir heute noch in den Ohren.

»Es reicht jetzt. Noch mal so was, und du kannst bei Jimmy Dolan einziehen, hast du verstanden? Entweder zu Jimmy Dolan oder ins Waisenhaus – das ist mir dann egal.« Es war das erste Mal, dass er mir drohte, mich zu Jimmy Dolan zu schicken. Das haute mich völlig aus den Schuhen. Ich wusste zwar, dass Jimmy mein leiblicher Vater war, im Grunde aber war er für mich ein vollkommen Fremder, und der Gedanke, bei ihm zu wohnen, erfüllte mich mit so großem Grauen, dass mir richtig übel wurde. Ich hatte mir so oft eingeredet, in der Familie hätte sich nichts geändert, dass ich beinahe daran glaubte. Trotzdem sagte jetzt Gerry, den ich immer als meinen richtigen Vater betrachtet hatte, dass er mich, ohne mit der Wimper zu zucken, fortschicken würde. Mit der Geborgenheit meiner Kindheit war es damit endgültig vorbei.

Aber zugegeben, die Drohungen wirkten. Eine Weile benahm ich mich wesentlich besser, zog den Kopf ein und gab mir Mühe, mich aus Schwierigkeiten rauszuhalten. Die anderen machten sich weiter über mich lustig, aber ich versuchte, das nicht mehr so an mich heranzulassen. Nach dem Ende der Grundschule sollte ich auf die Central Foundation Boys' School oben am Kreisverkehr der Old Street gehen. Die Schule war groß, über fünfhundert Jungen zwischen elf und achtzehn waren dort, und sie stand in dem Ruf, dass es ziemlich hart zuging. Ich hörte alle möglichen Schreckensgeschichten und flehte Dot an, mich nicht dorthin zu schicken.

»Dir wird nichts passieren, John«, sagte sie. »Du bist ein großer, starker Junge – du wirst keine Probleme haben.«

Ich glaubte ihr nicht. Mit einigem Nervenflattern trat ich am ersten Schultag den Gang dorthin an. Am liebsten hätte ich Butch mitgenommen, damit er mich beschützte.

Ich schleppte mich zur Schule, hätte mich am liebsten unsichtbar gemacht und hoffte, dass ich nicht aufs Klo musste, weil dort angeblich die älteren Jungs rumhingen. Am Nachmittag war ich dann kurz vorm Platzen, ich musste also. Ich werde nie den Geruch vergessen, nachdem ich die lange, gewundene Treppe zum Toilettenbereich im Keller hinunterstieg – und damit meine ich nicht den Gestank der Urinale. Rauchschwaden waberten unter der Tür heraus, drinnen konnte ich kaum einen Meter weit sehen, so dick stand dort der Qualm. Genau, wie man mich gewarnt hatte, hielt sich dort eine Gruppe älterer Jungs auf, die zehnmal furchterregender waren als alle Jungen in meiner Siedlung. Sie rauchten, fluchten und waren immer auf einen kleinen Spaß oder Ärger aus, meistens auf beides. Sie drehten sich alle zu mir um. Ich schluckte. Meine goldgestreifte Krawatte saß mir plötzlich viel zu eng am Hals, im Magen hatte ich einen dicken Knoten.

»Mensch, hat der eine Wampe!«, rief einer der Jungen. »Hast wohl den ganzen Sommer schwer dran gearbeitet, was? Und einen Kuchen nach dem anderen verdrückt! Wie heißt dieser Rollmops in *Grange Hill* noch? Roland? Ja, genau, ab jetzt heißt du Roly!«

Ich lief knallrot an, aber Gott sei Dank lachten sie nur, pafften weiter ihre Kippen und ließen mich in Ruhe. Einige hatten Alkohol hineingeschmuggelt, andere drehten sich lange Zigaretten; später fand ich heraus, dass der würzige Geruch nicht nur vom Zigarettentabak stammte, sondern vom Marihuana. Am ersten Tag hatte ich es allerdings nur darauf abgesehen, so schnell wie möglich wieder hinauszukommen, und war froh, nicht nähere Bekanntschaft mit dem Inneren einer Toilettenschüssel gemacht zu haben. Wahrscheinlich schreckten die größeren Jungs nur davor zurück, jemanden mit meinem Umfang kopfüber wieder hochziehen zu müssen.

Es dauerte eine Weile, bis ich mich eingewöhnte, was mir aber vermutlich nie richtig gelang. Ich war für die Schule einfach nicht geschaffen. In den meisten Fächern hatte ich die gleichen Probleme wie zuvor: Es mangelte mir an Konzentrationsvermögen, oft kritzelte ich nur gedankenverloren vor mich hin. Auch hier war das einzige Fach, für das ich wirkliches Interesse aufbrachte, der Kunstunterricht. Unser Lehrer war ein ruhiger, gelassener Typ namens Mr. Glover, bei dem ich mir immer selbst aussuchen durfte, was ich gerade machen wollte. Dann ließ er mich in Ruhe meine Schwarz-Weiß-Zeichnungen anfertigen oder Bilder von Autos kopieren oder von Stars aus den Zeitschriften, die hinten im Klassenzimmer herumlagen. Es war das einzige Fach in der Schule, in dem ich mich wirklich konzentrierte. So vertieft war ich in meine Zeichnungen, dass die Zeit immer wie im Flug verging und ich jedes Mal hochschreckte, wenn der Gong ertönte. Mr. Glover war so ein netter Typ, dass er mir zuliebe sogar hin und wieder gegen die Regeln verstieß. Einmal ging ich auf dem Weg zur Erdkundestunde an seinem Klassenzimmer vorbei und beschloss kurzerhand, dass mir der Kunstunterricht jetzt lieber wäre. Also fragte ich ihn, ob ich reinkommen dürfe.

»Klar kannst du reinkommen, John, solange du dich ruhig verhältst. Such dir einen Platz in der letzten Reihe.«

Egal, ob er Siebt-, Acht- oder Neuntklässler unterrichtete, von diesem Tag an ließ er mich immer an seinem Unterricht teilnehmen und fragte nie nach, welche Stunde ich dadurch sausen ließ.

Er war der einzige Lehrer, der meine Arbeit jemals lobte und mich manchmal nach der Stunde dabehielt und fragte, was ich später, wenn ich erwachsen war, einmal tun wolle. Damals hatte ich nicht die leiseste Vorstellung, ich winkte nur ab, aber allein seine Frage bestärkte mich darin, dass es Dinge gab, die ich tun konnte, dass ich sogar für irgendetwas Talent besaß. Es war das erste Mal, dass ein Lehrer Interesse an dem zeigte, was ich machte.

Im Kampf gegen die Langeweile zeichnete ich auch zu Hause, allerdings bei Weitem nicht mehr so viel wie noch als Kind. Gerry kaufte mir keine Comics mehr, wahrscheinlich hielt er mich zu alt dafür. Außerdem sagte er mir, ich hätte es nicht mehr verdient, dass man mir etwas schenke, so, wie ich mich aufführte.

Meistens kritzelte ich bloß vor mich hin und kopierte und skizzierte, was mir in den Sinn kam; die von mir angefangenen

Beim Abzeichnen von Comics, völlig in meiner eigenen Welt versunken.

Zeichnungen wurden so gut wie nie abgeschlossen. Das ist etwas, was sich durch mein ganzes Leben zieht. Es sollte schließlich fünfundzwanzig Jahre dauern, bis ich lernte, wie man eine Zeichnung fertigstellt. Es handelte sich dabei – ob Sie's glauben oder nicht – um ein Bild von George; es war die erste Zeichnung, die ich verkaufte.

7

Ich will Ihnen noch ein bisschen mehr von George erzählen. Er geht mir nämlich gerade furchtbar auf die Nerven, weil er um den Tisch herumtrottet, während ich zu schreiben versuche.

»Los, leg dich hin!« Das habe ich ihm schon mehrmals gesagt. »Lass mich jetzt mal in Ruhe.«

Er nimmt auf dem Ledersessel in Griffs Atelier in der Rivington Street in Shoreditch Platz und sieht mich scheel von der Seite an. »Jetzt willst du auch noch Schriftsteller werden, was?«, scheint seine freche Miene zu sagen.

»Ja, da hast du recht. Und jetzt steck die Schnauze zwischen die Pfoten und penn!«

Ich hatte bislang nur von meinem ersten Ausflug mit George in den Park erzählt, bei dem ich feststellte, dass ich es mit einem großen, kräftigen Tier zu tun hatte, das eine Menge Fürsorge benötigte. Auf dem Rückweg vom Park – George zerrte kräftig an der Leine und schleifte mich mehr oder minder hinter sich her – freundete ich mich langsam mit meiner Entscheidung an und redete mir ein, dass alles gut werden, dass ich mit allem zurechtkommen würde, als … *PENG!* … George sich plötzlich losriss und auch schon auf und davon war. Ich sah hoch und entdeckte in etwa dreißig Meter Entfernung eine kleine getigerte Katze, die sich versonnen an einem Geländer den Rücken rieb und noch nicht mitbekommen hatte, dass ein wütend bellenden Staffie geradewegs auf sie zuraste. Entsetzt beobachtete ich, wie der Hund der Katze hinterherjagte, die nun doch noch die Situation erfasst und schleunigst Reißaus genommen hatte.

»George, hierher!«, schrie ich und humpelte los. »Komm sofort zurück, du Scheißköter!«

Ein oder zwei Minuten später tauchte er mit glänzenden Augen wieder auf, die Leine schleifte ihm zwischen den Beinen, ansonsten vermittelte er aber den Eindruck, als hätte ihm das alles großen Spaß gemacht.

»Du Scheißköter, du gottverdammter Scheißköter!«, schimpfte ich, schnappte mir die Leine und wickelte sie mir einige Male um die Hand. Ich sagte es laut und entschieden, damit er wusste, dass er so etwas nie wieder machen sollte.

George senkte den Kopf, legte die Stirn in Falten und schmachtete mich mit seinen schönsten Hundeaugen an. Es war ihm anzusehen, dass es ihm leidtat, sein Blick sagte aber auch: »Mensch, du kannst es doch einem Hund nicht krummnehmen, wenn er einer Katze hinterherjagt, oder?«

Damit hatte er eigentlich recht, trotzdem konnte ich ihm das natürlich nicht durchgehen lassen. George war nicht zu bändigen, und damit stellte er eine Gefahr für sich selbst, für mich und für die Öffentlichkeit dar, von den unglücklichen Katzen in der Gegend ganz zu schweigen. Hätte ich meinen vernünftigen Tag gehabt, hätte ich vielleicht ein Taxi zum nächsten Tierheim genommen und gesagt: »Tut mir aufrichtig leid, aber es geht nicht.«

Aber von jeglicher Vernunft war ich, wie gesagt, damals meilenweit entfernt. Ich hatte George aus einer Eingebung heraus aufgenommen und keinen Gedanken daran verschwendet, wie viel mich das Futter kosten würde; praktische Überlegungen wie diese hatte ich überhaupt nicht auf dem Radar. Und obwohl ich wusste, dass ich mir mit ihm eine Menge Ärger einhandeln würde, hatte ich ihn in den wenigen Tagen, in denen ich ihn jetzt kannte, bereits ins Herz geschlossen.

Ich hatte ihn gern bei mir im möblierten Zimmer, besonders, nachdem ich mich an Becky und Sam und ihren Schäferhund gewöhnt hatte. Mein Gefühl sagte mir, dass ich ihn behalten sollte. George hatte etwas an sich, was ihn einzigartig machte und meinen Beschützerinstinkt weckte. Es ist schwer zu beschreiben, aber würde er jetzt vor Ihnen stehen, wüssten Sie genau, was ich meine.

»Wir lassen uns was einfallen«, redete ich mir ein, wusste aber natürlich nicht, was. Noch nicht.

An dem Abend folgte George mir überallhin, und wie zuvor schlief er in meinen Kniekehlen. Am nächsten Tag beschloss ich, mit ihm zu meinem üblichen Platz an der U-Bahn-Station Tower Hill zu gehen – vielleicht könnten wir uns ja so viel erbetteln, damit wir ihm Futter kaufen konnten. Sam und Becky hatten ihm ein paar Dosen dagelassen, aber George hatte immer Hunger, der kärgliche Vorrat war also fast aufgebraucht. Und außerdem, was sollte schon schiefgehen, solange ich die Leine fest im Griff hatte?

»Alles«, hörte ich George schon sagen, als er mir zusah, wie ich ihm die Leine anlegte, und mit fragendem Blick gab er mir zu verstehen: »Du legst es echt auf Schwierigkeiten an, was?«

»Ach, benimm dich«, sagte ich. »Und jetzt: los!«

George war auf dem gesamten Hinweg eine Nervensäge. Da ich mir schlecht vorstellen konnte, mit Krücken auf George aufzupassen, hatte ich sie zu Hause gelassen, aber das bedeutete, dass ich langsam und vorsichtig gehen musste. Was George überhaupt nicht gefiel. Er kugelte mir fast den Arm aus, als er mich zu einem schnelleren Tempo animieren wollte, und mein kaput-

George und Katzen können einfach nicht miteinander.

ter Knöchel pochte vor Schmerzen, als ich die Fersen einstemmte und mich auf den Beinen zu halten versuchte.

»Ein bisschen Respekt vor dem alten Herrn, wenn ich bitten darf!«, herrschte ich ihn an.

Bald nach unserer Ankunft trafen andere, mir bekannte Obdachlose ein. Sie wussten einiges über Georges früheren Besitzer, zwei von ihnen kannten den betrunkenen Schotten sogar persönlich und warnten mich vor ihm.

»Ich hab gehört, er will sich dich vorknöpfen, wenn er dir übern Weg läuft«, sagte einer. »Sieh dich also vor.«

Ein anderer erzählte mir, der Schotte sei ein ganz widerlicher Kotzbrocken und berüchtigt dafür, andere Obdachlose auszurauben. Letzteres gefiel mir gar nicht, daher wollte ich gleich dafür sorgen, dass er nicht auf dumme Gedanken kam.

»Weiß ich längst«, entgegnete ich etwas großspurig. »Aber ich bin bereit. Auf meinem Baseballschläger ist sein Name schon eingeritzt. Wenn er mir drohen sollte oder George zurückhaben möchte, wird er damit Bekanntschaft machen, da kann er Gift drauf nehmen.«

Ich bin von Natur aus weder gewalttätig, noch hatte ich die Absicht, mit einem Baseballschläger auf jemanden loszugehen, aber es sollte sich herumsprechen, dass ich kein leichtes Opfer war. Ich wusste, dass ich mich in dieser Hinsicht auf die Jungs auf der Straße verlassen konnte. Das gehört zu den vielen positiven Dingen, die ich im Lauf der Jahre über die Gemeinschaft der Obdachlosen erfahren habe: Die meisten passen gegenseitig auf sich auf. Wenn man ganz unten ist und auf der Straße schläft, weiß man, wie wichtig Solidarität unter denen ist, die im selben Boot sitzen. Ich hatte meine Botschaft in Umlauf gebracht und wusste, ich konnte auf die anderen zählen.

Zu der Zeit wanderte ich immer am Eingang zur U-Bahn-Station auf und ab, sprach Passanten an und bat sie höflich um etwas Kleingeld. Ich war von stolzen Eltern, von Gerry und Dot, erzogen worden, daher war es mir unendlich peinlich, mich in so einer Lage wiederzufinden. Um überhaupt damit zurechtzukommen, stellte ich mir vor, ich sei ein Unterhaltungskünstler, der um ein bisschen Trinkgeld bat. Also bemühte ich mich um einen fröhlichen, scherzhaften Ton und wollte die Leute zum Lächeln bringen.

»So, wie geht's uns heute?«, sagte ich also. »Zu was Hübschem unterwegs? Wenn ich Sie huckepack nehmen soll, kostet Sie das ein Pfund.« Blödsinn eigentlich, aber es wäre mir nie im Traum eingefallen, nur erbärmlich die Hand auszustrecken oder mich den Leuten bedrohlich in den Weg zu stellen. Selbst wenn es mir richtig dreckig ging, wollte ich ein Lächeln in mein Gesicht zaubern und mich anstrengen, ein Gespräch anzufangen.

Die meisten Leute sahen einfach durch mich hindurch und taten so, als wäre ich gar nicht da. Andere fühlten sich unangenehm berührt und kramten etwas Kleingeld hervor, bevor sie schnell weiterhuschten. Nur die wenigsten ließen sich wirklich auf ein Gespräch ein und behandelten mich wie einen Mitmenschen. Ich verüble es keinem, der meint, mit Bettlern oder Obdachlosen würde irgendwas nicht stimmen. Es kann einem ja auch Angst einjagen, wenn man wirklich darüber nachdenkt, warum jemand auf der Straße landet – wenn man meint, Obdachlose müssten etwas ganz Schreckliches verbrochen haben oder irgendeinen charakterlichen Defekt haben. Ich kann das verstehen, auch wenn es in den allermeisten Fällen der Wahrheit noch nicht mal ansatzweise nahe kommt. Nachdem ich selbst dazu gehört und viele Freunde unter Bettlern und Obdachlosen habe, weiß ich, dass sie sich von anderen kaum unterscheiden. Sie sind Menschen, die sich ebenso erschrecken bei dem Gedanken, ein Hund könnte geschlagen werden oder ein irrer Schotte würde Schwächere ausrauben oder bedrohen. Die meisten sind auf der Straße, weil ihnen das Leben übel mitgespielt hat, oft genug, ohne dass sie irgendetwas dafür konnten. Und das heißt nicht, dass sie keine Gefühle haben oder gar minderwertigere Menschen wären, denen man nicht wenigstens ein Minimum an Respekt entgegenbringen sollte.

Ich setzte also mein fröhlichsten Lächeln auf und tat alles, um das Betteln für alle Beteiligten so schmerzlos wie möglich zu machen, trotzdem hasste ich es. Ich bettelte, weil ich hungrig war, weil ich einen Becher Tee brauchte, aber ich empfand es immer als demütigend; es ist schlecht für die Seele, wenn man der Gnade fremder Menschen ausgeliefert ist.

In meinem Optimismus dachte ich, das Betteln würde mit George leichter werden. Natürlich gibt es viele Menschen, die sich vor Hunderassen wie Staffordshire-Terrier fürchten, verständlicherweise, da die Tiere keinen besonders guten Ruf haben. Aufgrund von Georges Schönheit hoffte ich aber, dass er für mich von Vorteil sein würde.

»Du lässt jetzt deinen Charme spielen, verstanden?«, sagte ich zu ihm, als wir uns der U-Bahn-Station näherten. »Du musst die Leute betören, George.«

Er hob an der Wand sein Bein und warf mir einen Blick zu, der unmissverständlich zum Ausdruck brachte: »Vergiss es! Wie soll ich das denn anstellen?«

In den ersten fünf Minuten unseres Aufenthalts streifte George unermüdlich herum, beschnüffelte Passanten und zerrte mich hierhin und dorthin. Vergeblich versuchte ich ihn dazu zu bringen, dass er Platz nahm und sich beruhigte – er wollte nichts davon wissen. Alles und nichts stachelte ihn an, der grummelnde Dieselmotor eines Taxis, aufflatternde Tauben, sogar ein etwas stärkerer Windhauch. Er wollte einfach nicht still sitzen. Am schlimmsten aber war, dass die an uns vorbeieilenden Pendler bei Georges Anblick sichtlich nervös wurden. Ich fühlte mich furchtbar. Ich hatte ihn ganz offensichtlich nicht unter Kontrolle, zumindest nicht so, wie es bei einem Tier wie ihm der Fall sein sollte. Daher blieben wir nicht lange.

»George, wir müssen dir ein paar Manieren beibringen«, sagte ich ihm, als wir unterwegs waren. »Damen mögen es nicht, wenn du an ihren Röcken schnupperst oder an ihnen hochspringst. Du musst lernen, dich zu benehmen.«

Er sah mich lange und eindringlich an, als fragte er sich, wie jemand wie ich das hinbekommen sollte.

»Und du meinst, du bist für den Job genau der Richtige?«, schien seine Miene zu sagen. »Machen wir jetzt einen auf Gentleman, ja?«

»Ich werde es dir beibringen«, beharrte ich. »Sieh zu und lerne, George. In mir steckt mehr, als man auf den ersten Blick glauben könnte. Ich werde es dir schon zeigen.«

Wir traten den Rückweg zur Wohnung an. Einige Minuten lang stellte ich erleichtert fest, dass George brav an der Leine ging. Alles lief gut, bis wir in die Royal Mint Street einbogen und einige Meter vor uns eine schwarze Katze aus der Seitengasse schoss. Die Katze überquerte die Straße, und sofort peste ihr George hinterher wie Karl der Kojote dem Road Runner. Er spurtete so schnell und mit so viel Kraft los, dass er mir die Leine aus der Hand riss und ich gegen einen Laternenpfahl geschleudert wurde.

»Bleib stehen, George! Du Schweinepriester, hierher! Bleib stehen!«, schrie ich und versuchte so streng wie möglich zu klingen. »Bleib stehen, du dämlicher Köter!«

Er sah mich noch nicht mal an. Mich traf fast der Schlag, als er mitten auf der Straße direkt vor ein Taxi lief und es zum Ausweichen zwang. Der Taxifahrer drückte auf die Hupe, drohte mir mit der Faust und rief: »Nimm ihn verdammt noch mal an die Leine!«, während die Katze über eine Mauer entkam und George ihr auf der anderen Straßenseite hinterherbellte.

»Tut mir leid!« Ich winkte dem zornigen Taxifahrer zu, der nur kopfschüttelnd weiterfuhr.

»*Bleib, wo du bist, George, du verdammter Scheißköter!*«, schrie ich über die Straße. »*Warte! Keinen Schritt weiter! Hörst du? Bleib, wo du bist!*«

Er sah mich unumwunden an, während ich am Straßenrand auf eine Lücke im Verkehr wartete, damit ich ihn holen konnte. Ich dachte, ihm klargemacht zu haben, dass er auf mich warten sollte, aber George hatte es entweder nicht kapiert oder andere Pläne. Jedenfalls kam er kurzerhand zurück und jagte einem Radfahrer noch einen gehörigen Schreck ein, der mich daraufhin als dämliches Arschloch bezeichnete, worauf mir keine passende Erwiderung einfiel. Ich war unglaublich erleichtert – und ziemlich durch den Wind –, als ich George wieder an der Leine hatte, und als ich ihn endlich in die Wohnung bugsierte, stand mir immer noch der Schweiß auf der Stirn, und meine Hände zitterten.

»Noch mal so eine Nummer, und ich setz dich vor die Tür«, warnte ich. »Hat man dir denn gar nichts beigebracht?«

Er schnupperte und begann sich abzuschlecken.

»Ich fasse das als ein Nein auf«, herrschte ich ihn an. »Aber solche Sachen kannst du dir ab sofort sparen.«

Wütend packte ich eine meiner Krücken und schwang sie drohend über ihm. George zuckte zusammen und kauerte sich sofort winselnd auf den Boden. Man musste kein Genie sein, um zu erkennen, dass er in der Vergangenheit geschlagen worden sein musste. Es brach mir fast das Herz, als ich ihn so jämmerlich kauernd sah. Mit schlechtem Gewissen legte ich die Krücke weg, ging vor ihm in die Hocke und streichelte ihm den Kopf. Was immer er erlebt hatte, er hatte eine bessere Behandlung verdient. Ich wusste, wie es sich anfühlt, wenn man ganz unten ist, und ich wollte ihm helfen. Es war zwar lange her, dass ich Butch das eine oder andere beigebracht hatte, aber wenn ich mich dahinterklemmte, würde ich es auch bei George hinbekommen. Außerdem war mir klar, dass ich ihn unweigerlich hergeben müsste, wenn nicht bald etwas geschah – und diese Aussicht gefiel mir mit jedem Tag weniger.

Er saß neben mir und starrte mich an, als könnte er meine Gedanken lesen, was irgendwie zermürbend war. Das jedenfalls war mir an George aufgefallen: Er war unglaublich klug und besaß Charisma und Ausstrahlung, wie ich es noch bei keinem anderen Hund erlebt hatte. Man hätte fast meinen können, er habe etwas Menschliches an sich. Manchmal hatte ich das Gefühl, dass er über mehr Grips verfügte als ich. Unmöglich, nicht auf ihn einzugehen, wenn er einen so fragend ansah. Es hätte mich kaum überrascht, wenn er plötzlich das Maul geöffnet und mir zugebellt hätte: »Alles klar, Kumpel?«

»Ja, George«, antwortete ich auf die ungestellte Frage. »Alles klar, Kumpel. Ich denke bloß nach, das ist alles. Und überlege, was wir als Nächstes machen.«

Er sah zu Boden, als würde er verstehen, dass er mir Zeit geben musste, meine Gedanken zu ordnen.

Keiner schien zu wissen, wie der durchgeknallte Schotte an George geraten war, aber ich ging davon aus, dass es keine besonders schöne Geschichte gewesen war. Und wenn ich an meine eigene Jugend und Erziehung dachte, wurde mir bewusst, was für eine große Verantwortung ich mir mit der Aufnahme von George aufhalste. Ich musste ihn nicht nur tagtäglich versorgen, ich musste ihm auch beibringen, wie er sich in der großen weiten Welt zu verhalten hatte, damit er darin überlebte. Im Grunde war er mir ebenso vererbt worden, wie ich Dot und Gerry vererbt worden war. Ich musste mein Bestes versuchen, so wie sie ihr Bestes versucht hatten, um mir ein Zuhause und eine Familie zu geben.

Ich musste ihm beibringen, ohne Leine zu gehen, dann konnte ich die Krücken benutzen und musste keine Angst mehr haben, dass er sich losriss und mich umwarf.

»Ich hab einen Plan, George. Wie wär's, wenn wir dich so abrichten, dass du die Leine gar nicht mehr brauchst?«

Bei der Erwähnung des Wortes »Leine« begann George das Zimmer danach abzusuchen. Er glaubte, wir würden rausgehen.

»Nein, vergiss es, George«, sagte ich. »Komm her, ich hab eine tolle Idee.«

Meine Wohnung lag nicht weit von The Highway entfernt, einer breiten Ausfallstraße, die von der Tower Bridge nach Essex führt. Das sollte Georges Trainingsgelände werden. Dort war immer viel los, ich kannte sie in- und auswendig, und wenn ich ihm beibringen konnte, diese Straße sicher ohne Leine zu überqueren, dann konnte ich ihm alles beibringen.

Wir brachen auf. Ich hatte einen üblen Arthritisanfall und musste mich schwer auf die Krücken stützen. Es würde nicht leicht werden, so viel war mir klar, und ich war ziemlich nervös, als wir das Zimmer verließen. Aber es musste sein. Wenn ich George nicht ohne Leine laufen lassen konnte, würde ich ihn nicht behalten können.

»Okay, das ist unser Deal«, sagte ich zu ihm, als wir den Bürgersteig erreichten. »Du bleibst hier, bei Fuß, und zwar die ganze Zeit. Irgendein Blödsinn, und ich schmeiß dich raus.«

Jetzt hatte ich es laut ausgesprochen. Mir war nicht wohl bei der Sache. Immerhin hatten wir schon eine Menge durchgemacht, ich fühlte mich George zunehmend verbunden und bildete mir ein, dass es ihm genauso gehen musste, denn er beobachtete jeden Schritt von mir und lauschte aufmerksam, als wollte er alles verstehen und richtig machen.

»Guter Junge, George«, sagte ich. »Bei Fuß, so ist's brav. Immer dicht bei mir. Braver Hund.«

Es lief ganz gut. George ging neben mir und sah so oft zu mir auf, dass ich schon fürchtete, er könnte irgendwo dagegen laufen. Bei jeder Ecke scannte ich die Straße und die Bürgersteige und betete, dass keine Katze herumstreunte. Wenn sich George mehr als einen halben Meter von mir entfernte, rief ich ihm in meiner tiefsten, strengsten Stimme zu: »George! Hierher! Kommst du hierher? *Sofort!*«

Das wiederholte ich laufend, und George gehorchte ganz vorbildlich – auch wenn seine Miene zu sagen schien: »Das hast du mir doch schon gesagt. Ich bin ein Hund, kein Goldfisch.« Von Butch wusste ich, dass es bei Hunden nicht wichtig war, was man sagte, sondern *wie*. Es funktioniert nur, wenn man streng und autoritär klingt, dazu kommt die richtige Körpersprache, mit der man klarmacht, dass man der Chef ist. Wenn ich es mir recht überlege, hatte ich das wahrscheinlich ebenfalls von Gerry gelernt. Er musste nur selten gegen mich die Hand erheben; die übermäßig strenge Stimme, mit der er mich zusammenstauchte, war immer schon Strafe genug gewesen.

George wedelte mit dem Schwanz, wenn ich mit ihm leiser und ruhiger redete. »Braver Junge, George. Das machst du sehr gut.«

Wir erreichten den Highway zur Hauptverkehrszeit. So viel auf der Straße auch los war, so langsam bewegte sich aber auch der Verkehr. Für George war das die ideale Kombination. Es musste ein gewisses Gefahrenpotenzial vorhanden sein, damit er die Regeln des Straßenverkehrs lernte, die Gefahren aber sollten sich gleichzeitig in Grenzen halten.

»Bei Fuß!«, sagte ich streng, als wir uns vor einem Möbelgeschäft einem Fußgängerüberweg näherten. »Hörst du, George? *Bei Fuß!*«

Es war laut, George war auf der Hut, er hatte die Ohren gespitzt und wandte den Kopf hin und her, um sich alles anzuse-

Mich hätte fast der Schlag getroffen, als George schnurstracks über die Straße lief.

hen. Genauso wollte ich es. Er musste die Gefahr wittern, damit sein Instinkt ihn veranlasste, dicht bei mir zu bleiben.

Damals hielt ich das für eine gute Idee, heute stelle ich mir hingegen vor, was George darauf erwidern würde: »Soll das ein Witz sein? Du meinst wirklich, das würde funktionieren?«

Vermutlich ist das einer meiner Charakterzüge. Selbst wenn ich im Lauf meines Lebens ganz unten war, blitzte doch hier und da mein Optimismus auf – möglicherweise war es aber auch nur ein Anfall von Irrsinn.

Jedenfalls befand ich mich an diesem Tag in einer Das-Glas-ist-halbvoll-Stimmung und war überzeugt, dass es klappen würde.

»Los, George, bei Fuß. Bei Fuß. *Bei Fuß! George! George! Komm zurück, du Mistviech! George! Du verfluchter Köter!*«

George war auf und davon und schoss wie eine Flipperkugel über den Highway. Er achtete überhaupt nicht auf den Verkehr; seine Aufmerksamkeit galt ausschließlich einer großen roten Katze, die auf der gegenüberliegenden Seite auf dem Fensterbrett eines Ladens herumstolzierte. Wie erstarrt musste ich mit ansehen, wie Autos abbremsten und auswichen, um George nicht über den Haufen zu fahren. Ein weißer Lieferwagen erfasste dabei fast den Wagen vor sich, und einige Fahrer gaben mir mit Handzeichen unmissverständlich zu verstehen, was sie von mir hielten.

Ich stand mit pochendem Herzen auf dem Bürgersteig, und bevor ich auch nur einmal tief Luft holen konnte, beschloss George, umzukehren. Die Katze musste verschwunden sein. Voller Panik sah ich, wie er auf der Stelle kehrtmachte, sich erneut durch den Verkehr schlängelte und zu mir zurückrannte. Kurz darauf war er wieder an meiner Seite, japste und wirkte so geschockt wie ich selbst.

»George, was bist du für ein *ungezogener Hund.* Bei Fuß. Hörst du mich? *Bei Fuß!*«

Es war ein Wunder, dass er keinen Unfall verursacht hatte oder überfahren worden war. Mit einer meiner Krücken schlug ich so fest wie möglich auf den Bürgersteig ein, um ihm deutlich zu machen, wie übel sein Verhalten gewesen war.

»*Du Mistköter! Du ungezogener George!*«, brüllte ich mehrmals. Er legte die Ohren an, furchte die Stirn und jaulte laut auf. Er war ein einziges Bild des Jammers. Ich genoss es keineswegs, ihn so zu behandeln, aber ich war sehr erleichtert über seine Reaktion.

So weit ich weiß, hätte er genauso gut auf mich losgehen können. Herrenlose, in der Vergangenheit misshandelte Hunde neigen manchmal dazu – sie können mit Kritik nicht besonders gut umgehen, um es mal so zu sagen. Er aber nahm es relativ gelassen, und von da an wusste ich, dass wir miteinander auskommen würden. Einige Passanten warfen mir entrüstete Blicke zu, als sie mich lauthals auf George einbrüllen sahen, und ich weiß, dass manche meinen Auftritt alles andere als gut fanden. Aber es ging nicht darum, meine Wut an ihm auszulassen. Er musste schlicht und einfach lernen, dass er keine Katzen jagen oder unvermittelt Straßen überqueren durfte, wenn er überleben wollte. Von diesem Tag an ist George keiner einzigen Katze mehr nachgelaufen, und heute können sich ihm Katzen auf Armeslänge nähern, und er rührt sich erst, wenn ich das Kommando dazu gebe. Außerdem hechelt er nicht mehr wie ein Geisteskranker über die Straße. Ich muss nur die Stimme heben, um ihn daran zu erinnern, dass sich so etwas nicht gehört.

»Ist es nicht so, George?«, sage ich zu ihm. Er ist gerade in Griffs Ledersessel aufgewacht und sieht mich träge und selbstgefällig an. »Spar dir deinen Blick! Ich hab bloß erzählt, was du mal für ein irrer Dreckskӧter gewesen bist.«

Damals hatte ich natürlich keine Ahnung, dass ich im Grunde mir selbst das Leben rettete, als ich George das Leben zu retten versuchte. George war ein Glückspilz, und allmählich fiel von seinem Glück auch auf mich etwas ab. Es sollte nur noch eine Weile dauern, bis es so weit war.

8

»Ich hab einen Arzttermin für dich, John«, verkündete Dot eines Tages.

»Wozu, Mum?«

»Um dich zu wiegen, das ist alles«, erwiderte sie. Es klang nach einer Routineuntersuchung, was sie natürlich nicht war.

Als ich in die achte Klasse kam, war ich dicker als jemals zuvor.

Meine Mum sprach mit mir nie über mein Gewicht, anscheinend hatte sie aber beschlossen, dass es Zeit war, zu handeln. Nach wie vor ging ich gelegentlich zum Boxen, wurde dadurch aber nicht schlanker. Wenn überhaupt, nahm ich noch zu. Beim Arzttermin war es mir sehr peinlich, als ich mit entblößtem Oberkörper vor dem Arzt stand, der meine Maße nahm. Er ließ mich auf die Waage treten, legte Gewichte nach, bis sie sich bei 84 Kilo einpendelten. Und das bei einer Größe von 1,32 Meter. Ich war adipös. Der Arzt äußerte Dot gegenüber die Befürchtung, mein Gewicht könne gravierende Folgen für mein Herz haben, und kam zu dem Schluss, dass ich die Hilfe eines Spezialisten benötige. Ich stellte keine Fragen; ich wollte nur mein Hemd wieder anziehen und so schnell wie möglich verschwinden.

Bald darauf eröffnete mir Mum, dass ich in den Sommerferien für einige Wochen ins Barts Hospital kommen würde, »um ein bisschen abzunehmen«, wie sie es nannte. Auf einen Krankenhausaufenthalt hatte ich keine große Lust, ebenso wenig aber auf mein Dicksein, weshalb ich stumm nickend zustimmte.

Das St. Bartholomew's Hospital, wie es richtig heißt, liegt in Smithfield in der City of London. Es ist ein großes, altes Gebäude, zu dem eine normannische Kirche gehört, die laut Mum fast tausend Jahre alt ist. Sie habe, sagte sie, den großen Brand von London überlebt und die Luftangriffe während des Zweiten Weltkriegs, sie sei also der sicherste Ort der Welt. Auf dem Weg zum Eingang sah ich, wie Leute Münzen in einen Fischteich warfen. Ich stellte meinen Koffer ab und sah ins Wasser.

»Oh, schau mal, wie groß die Goldfische sind, Mum!«, sagte ich.

Das Torhaus vom Barts Hospital aus der Zeit Heinrichs VIII. Der älteste Teil des Krankenhauses.

»Das sind Koi-Karpfen, mein Lieber«, verbesserte mich eine alte Dame, die sich auf einer Gehhilfe vorbeimühte.

Ich war fasziniert und gleichzeitig starr vor Angst – so ein Gebäude wie das hier hatte ich noch nie gesehen. Mittlerweile habe ich viele Bauten in London gezeichnet, mich aber nie an der Pracht und dem Reichtum des Barts versucht. Auch die Umgebung war herrlich – als stammte alles aus einem Geschichtsbuch –, aber dafür hatte ich damals keinen Blick, da ich hauptsächlich mit dem beschäftigt war, was auf mich zukommen würde.

Von dem antiseptischen Geruch und der Hitze auf der Station bekam ich Kopfschmerzen, und die Schwestern in ihren gestärkten Uniformen, die klappernde Pflegewagen vor sich her schoben, machten mich ängstlich und nervös. Ich wurde neben einem etwa fünfzehnjährigen Jungen mit einem gebrochenen Bein ins Bett gesteckt, und den vier anderen Kindern im Zimmer waren allesamt die Mandeln herausgenommen worden. Wir hatten nicht viel gemeinsam, außer dass wir alle verteufelt unter Heimweh litten und das nicht zeigen wollten. Es war das erste Mal, dass ich von zu Hause fort war.

Die Schwestern weckten mich um sieben Uhr und scheuchten mich über das Krankenhausgelände und ließen mich die Treppen auf und ab laufen. Im Treppenhaus hingen tolle Bilder – von William Hogarth, wie ich später herausfand. Nach dem morgendlichen Training empfing mich ein Physiotherapeut, dem sich eine Sitzung bei einem Spezialisten anschloss. Am ersten Tag setzte er mich auf ein Fahrrad, das an einen Tacho angeschlossen war. Beim ersten Mal strampelte ich 12 Kilometer und schnaufte und pfiff wie ein kettenrauchender Bergmann.

Mum und Dad durften mich nachmittags besuchen. Häufig war Dot nur allein da. Ich glaube, sie und Gerry kamen in dieser Zeit nicht allzu gut miteinander aus, aber ich wagte nicht, sie darauf anzusprechen. Außerdem machte es mir nichts aus, wenn sie allein kam; ich freute mich auch so, ein freundliches Gesicht zu sehen. Sie blieb meistens ein paar Stunden, solange sie eben zwischen ihren Schichten Zeit hatte. Manchmal hatte ich den Eindruck, dass sie gern länger geblieben wäre, damit sie nicht ins President House zu Gerry zurückmusste. Dot schwatzte stundenlang mit einer anderen Mutter, deren Junge auf meiner Station lag. Ich saß im Bett und kritzelte oder kopierte Bilder aus den alten Zeitschriften, die überall herumlagen. Dabei war es mir egal, ob es sich um *Shoot!* oder *Smash Hits* handelte, ich war nicht wählerisch und zeichnete einen Fußball ebenso gern wie Simon Le Bons Kopf.

Ich blieb zwei Wochen im Krankenhaus und wurde weitere drei Monate als Tagespatient behandelt. Kartoffelchips, Schokolade und Limonade wurden von meinem Speiseplan gestrichen, pro Woche durfte ich ab sofort nur noch eine Chipstüte verputzen! Dot hatte bis dahin Mahlzeiten wie Kartoffelbrei mit Würstchen, Leber mit Speck und auch gern Frittiertes zubereitet; auch das hörte jetzt auf. Nun gab es nur noch Gemüse und Obst, Fertigfisch aus der Tüte mit Petersiliensauce und pochierte Eier, woran ich mich schnell gewöhnte und was ich bald ganz gern aß.

Ich nahm ab, und an Weihnachten wog ich nur noch 57 Kilo. Ich war nicht mehr »der Dicke«, und darüber war ich mächtig erleichtert. Dass ich über 25 Kilo abgenommen hatte, veränderte mein Leben. Ich weiß noch, dass ich vor dem Spiegel stand und meinen Augen kaum traute. Ich drückte die Schultern durch und kam mir sofort größer vor. Ich fühlte mich wie ein anderer Mensch: Ich hatte noch das Zeichnen und Butch, aber zum ersten Mal war ich in Form. Alles entwickelte sich prächtig.

Die Gewichtsabnahme war an und für sich eine wunderbare

Sache, seltsamerweise wurde mein Verhalten in der Schule dafür immer schlimmer. Ich wurde noch großmäuliger und noch dreister. Vielleicht lag es an den Hormonen, die sich allmählich bemerkbar machten, aber ich konnte es einfach nicht abstellen. Die Schule ging mir auf den Keks. Nicht mal Mr. Glover, der mich in seinen Kunstunterricht ließ, konnte mich noch bei der Stange halten.

»Bock aufs Blaumachen?«, fragte mich eines Morgens ein älterer Schüler. »Willst du mit uns rumziehen?«

Ich wusste, dass er zu einer Gang von älteren Jungs gehörte, die sich in den Treppenhäusern der Wohnblöcke oder in den Tiefgaragen trafen und sich nur selten in der Schule blicken ließen. Ich wusste auch, dass sie sich härtere Sachen reinzogen als Zigaretten. Der große Typ schnüffelte Tipp-Ex-Verdünner und Feuerzeugbenzin; wenn er, wie es selten geschah, zum Unterricht kam, hatte er ein Döschen im Ärmel seiner Schuluniform und schnüffelte im Klassenzimmer oder strich sich den Verdünner auf den Ärmel und schleckte ihn ab.

All das schreckte mich nicht, im Gegenteil. Insgeheim war ich sogar stolz darauf, dass er mich in seiner Gang haben wollte, denn so etwas wäre nie passiert, wenn ich noch dick gewesen wäre. Man musste mich daher nicht zweimal bitten.

»Lass John mal ran«, sagte der Große, als wir in einer dunklen Ecke der Tiefgarage seine Kumpel trafen.

Einer von ihnen hatte ein Fläschchen mit Tipp-Ex-Verdünner bei sich. Sie zeigten mir, wie ich mir den Verdünner auf den Ärmel geben und ihn inhalieren sollte.

»Ist ganz einfach, John«, sagte der große Typ. »Los, mach mal!«

Ich kam der Aufforderung nach, ohne auch nur einen Gedanken an mögliche Gefahren zu verschwenden. Was sollte das Zeug schon für Schaden anrichten? Man konnte es im Laden an der Ecke kaufen oder aus dem Schrank mit den Schreib- und Papierwaren in der Schule klauen, es konnte also nichts Illegales sein. Sofort spürte ich, wie sich in meinem Kopf alles drehte, was ich ziemlich lustig fand. Aus eigener Erfahrung wusste ich, dass Schuleschwänzen auch ziemlich öde sein konnte, mit dem Zeug aber hatten wir alle unseren Spaß, stachelten uns gegenseitig an und schnüffelten immer mehr. Wir zogen durch die Stadt, gondelten kreuz und quer mit den Bussen, redeten einen Haufen Mist und schlugen die Zeit tot. Die Stunden vergingen wie im Flug, und am nächsten Tag gesellte ich mich wieder zu ihnen, um mehr von dem Zeugs zu nehmen – dachte ich jedenfalls.

»Hier, probier das mal«, sagte der Große, aber diesmal gab er mir Feuerzeugbenzin.

Seine Kumpels waren alle schon am Kichern. Es war erst neun Uhr morgens, aber sie hatten anscheinend schon Benzin geschnüffelt und waren ziemlich gut drauf. Sie zeigten mir, wie man es machte, und ich muss sagen, die Wirkung war sehr viel stärker als beim Tipp-Ex-Verdünner. Mein Gehirn fühlte sich an, als wäre alles ein Stück verschoben worden. Die Wirkung setzte sofort ein, und diesmal verging der Tag noch schneller. Es war, als würde man einen Schalter umlegen, und plötzlich war man im Kopf ganz woanders – die scharfen Kanten der eigenen Wahrnehmung und Gefühle wurden abgeschliffen, alles war leicht verschwommen und neblig oder eben nicht ganz so wie sonst, nicht ganz normal. Ich mochte das Gefühl, nicht ganz normal zu sein.

In den folgenden Wochen oder sogar Monaten schnüffelte ich Tipp-Ex und Aerosole. Fast die ganze Zeit schwänzte ich mit den Jungs die Schule. Dort tauchte ich nur auf, wenn Dot angerufen wurde oder Gerry mal wieder seine Drohungen aussprach, mich vor die Tür zu setzen und in ein Kinderheim zu stecken oder mich bei Jimmy Dolan abzuliefern, wenn ich mich nicht endlich zusammenriss.

Ich weiß, ich machte Gerry und Dot das Leben zuweilen sehr schwer, aber ich liebte sie über alles und konnte mir nicht vorstellen, woanders zu leben. Ich hasste mich selbst, wenn ich Dot zum Weinen brachte, und konnte es nicht ertragen, wenn Gerry die Beherrschung verlor und mich anbrüllte. Die Lehrer konnten toben, so viel sie wollten, das ließ mich völlig kalt, aber wenn Gerry wütete, dann berührte mich das, weil ich ihn schätzte und weil es mir wichtig war, was er von mir hielt. Entscheidend allerdings war: Gerrys Drohungen waren nun mal nicht so angsteinflößend, dass ich mich deswegen gebessert hätte.

Je älter ich wurde, desto leichter wurde es natürlich, mich ihnen nach Belieben zu entziehen. Als ich fünfzehn war, waren sie Ende vierzig – nach heutigen Maßstäben nicht unbedingt alt, aber sie hatten mit so gut wie keinem Geld vier Kinder großgezogen, und vor allem Gerry hatte keine Geduld mehr mit mir. Wer konnte es ihm verdenken?

Irgendwann litt ich ständig an Kopfschmerzen, aber so blöd es auch klingen mag, ich führte das keineswegs auf das Schnüffeln zurück. Dot machte sich große Sorgen, da meine Symptome sehr schwerwiegend waren und denen von Migräne glichen, unter der sie selbst litt. Sie brachte mich zu einem Arzt. Er fragte mich nach den Kopfschmerzen und wann sie angefangen hatten. Ich log ihm was vor, und er schrieb uns ein Rezept für ein starkes Schmerzmittel aus. Ich nahm täglich die Höchstdosis und schnüffelte weiter Klebstoff. Groteskerweise kam ich nach wie vor nicht drauf, was der Grund für das Kopfweh sein könnte.

Eines Tages kam Dot von der Arbeit nach Hause, riss den Fernsehstecker aus der Dose und verpasste mir eine schallende Ohrfeige.

»Wofür war die jetzt?«

»Das zeig ich dir«, sagte sie, zitternd vor Wut.

Sie öffnete ihre Handtasche und zog eine Klebstofftüte heraus.

»Das hab ich in deinem Zimmer gefunden.«

»Äh, tut mir leid, Mum ...«

»Es tut dir leid, von wegen. Kopfschmerzen, dass ich nicht lache! Und angeblich keine Ahnung, woher die kommen! Ich sorg gleich dafür, dass du wirklich Kopfschmerzen bekommst, John ...«

Ich dachte, sie wollte mir noch ein paar knallen, stattdessen sackte sie auf dem Sofa zusammen und fing an zu weinen. Ich beteuerte mehrmals, wie leid mir alles tue. Sie wirkte ausgelaugt und unendlich besorgt. Es machte mich völlig fertig, sie so zu sehen, und versuchte es mit Schadensbegrenzung.

»War doch nur so zum Spaß«, sagte ich. »Ich dachte doch nicht, dass du dahinterkommst. Ich bin nicht süchtig. Überhaupt nicht. Ich glaub noch nicht mal, dass die Kopfschmerzen vom Klebstoff kommen ...«

Dot weinte die ganze Nacht, und am nächsten Tag ging sie mit mir wieder zum Arzt und legte den Kleber auf den Tisch.

»Ich glaube, ich habe die Ursache für die Kopfschmerzen gefunden«, sagte sie. »Und ich will, dass John Hilfe bekommt. Auf mich oder seinen Vater hört er nicht mehr.«

Einige Wochen darauf hatte ich einen Termin bei einem »Seelenklempner«. Damals benutzte keiner das Wort Psychologe oder Psychiater. Er war einfach ein Seelenklempner, der mit mir darüber reden wollte, warum ich so etwas Dämliches wie Klebstoffschnüffeln tat. Als ich in die Klinik kam, erwartete ich einen Arzt zu sehen, empfangen wurde ich aber von einem halben Dutzend Männer und Frauen, die mir in einem Halbkreis gegenübersaßen, zum Teil einen weißen Kittel trugen und sehr ernst dreinschauten. Ich saß auf einem Stuhl vor ihnen, und sie stellten mir abwechselnd ihre Fragen.

»Bist du zu Hause unglücklich?«, fragte einer.

»Nein«, antwortete ich. »Meine Mum und mein Dad verwöhnen mich nach Strich und Faden.«

Das war diesmal nicht gelogen. Ich liebte Mum und Dad und konnte mir nicht vorstellen, irgendwo anders zu leben. Sie kümmerten sich um mich, und wenn ich etwas wollte, dann bekam ich es auch. Andere Kinder, mit denen ich aufwuchs, waren oft sich selbst überlassen. Sie hausten in verwahrlosten Wohnungen, ihre Mütter waren ständig betrunken, ihre Väter verprügelten sie regelmäßig. So war mein Leben nicht. Als ich den Ärzten erzählte, wie idyllisch meine Kindheit gewesen war, glaubte ich wirklich daran.

»Hast du in der Schule Probleme?«, fragte ein anderer.

»Nein«, sagte ich nach einigem Nachdenken. »Ich mag sie nur nicht.«

»Was magst du daran nicht?«

»Alles.«

»Es muss doch was geben, was du magst. Versuch wenigstens an eine Sache zu denken, die du magst.«

»Den Kunstunterricht. Ja. Alles andere mag ich nicht.«

Ich versprach Dot, mich nicht mehr mit der Gang herumzutreiben und das Schnüffeln zu lassen. Bis Weihnachten hielt ich das auch durch, und zur Belohnung bekam ich einen Satz Stifte, Marker auf Ölbasis, mit denen man die Wirkung eines Aquarells erzielen konnte, wenn man sie ins Wasser tauchte und auf Kartonpapier zeichnete. Die Ergebnisse waren so fantastisch, dass ich sofort mit eigenen Zeichnungen anfing und nicht mehr nur Bilder aus Comics kopierte. Manchmal kam ich mir wie einer von diesen alten Meistern mit Pinsel und Staffelei vor; der einzige Unterschied lag darin, dass ich Filzstifte verwendete. Einfach nur abzuzeichnen, dafür waren mir die Farben zu schade. Meistens schuf ich Bilder von Horror- oder Gothic-Gestalten wie die aus der Addams Family. So zeichnete ich eine wirklich hässliche Tochter mit langen Hexenhaaren, eine gruselige Großmutter und schaurige Eltern mit schwarzen Augenringen. Nichts wurde jemals fertig, alles blieb Skizze, allerdings waren sie auch nicht für andere bestimmt. Ich zeichnete nur für mich, zu meinem eigenen Vergnügen und um zu sehen, welche Fortschritte ich mittlerweile gemacht hatte.

Eines Tages packte Dot eine dieser Zeichnungen in ihre Handtasche und nahm sie mit in die Arbeit, um sie ihren Freundinnen zu zeigen. Sie putzte Büroräume in der Nähe des Fleischmarkts in Smithfield, einer der Marktleute dort bekam das Bild, als Dot es herumreichte, zufällig zu sehen.

»Von wem ist das?«, fragte er und schien sehr interessiert.

»Von meinem Sohn John«, antwortete sie voller Stolz.

»Dann können Sie ihn ja mal fragen, ob er nicht Lust hat, uns ein Logo zu entwerfen.«

Er war auf der Suche nach einem Künstler, der ihm das Firmenzeichen für sein Unternehmen gestaltete, das er auf seiner Lieferwagenflotte anbringen wollte.

»Springt dabei für ihn auch etwas raus?«, fragte Dot.

»Fünf Pfund für jeden Wagen, der damit herumfährt.«

»Ich werde ihn fragen«, erwiderte Dot.

Ich war ganz aus dem Häuschen, als sie mir davon erzählte. Es war das erste Mal, dass jemand außerhalb meiner unmittelbaren Familie – oder Mr. Glover – Interesse an meinem Zeichentalent zeigte.

Ich machte mich sofort an die Arbeit und experimentierte mit unterschiedlichen Stilen und Bildern. Ich wollte etwas ganz und gar Neuartiges schaffen, etwas, das herausstach.

Ich ließ also die Schule sausen und ging auf den Fleischmarkt in Smithfield, um mir die Logos der anderen Händler anzusehen. Diesmal hatte ich kein schlechtes Gewissen – ich stellte mir vor, ich würde ein berühmter Künstler werden, und das hier war der erste Schritt in die richtige Richtung.

Wieder zu Hause, setzte ich mich hin und versuchte das Logo zu zeichnen, aber mir wollte nichts einfallen. Vielleicht lag es am Druck, auf Abruf etwas produzieren zu müssen, vielleicht auch daran, dass mir noch das Zutrauen in meine Fähigkeiten fehlte. Letztlich zeichnete ich einen fidelen Metzger mit gestreifter Schürze, der den Arm um ein glückliches Huhn legte. Es war kitschig, aber hoffentlich gut genug für das gewünschte Logo. Schließlich hatte der Markthändler um etwas Besonderes gebeten. Als ich das Bild Dot zeigte, schüttelte sie nur den Kopf und sagte: »Ich glaube nicht, aber es ist ein netter Versuch.« Und das war es dann. Mein erster potenzieller Auftrag, und ich konnte das Gewünschte nicht liefern. Am meisten schmerzte aber Dots Reaktion. Sie war von meinen Zeichnungen immer begeistert gewesen, diesmal aber wirkte sie, als wäre ihr peinlich, was ich geschaffen hatte – sie nahm die Zeichnung noch nicht mal mit in die Arbeit.

9

»Halt's Maul, du Arsch!«, schrie ich und drückte gleichzeitig die Sprechtaste meines CB-Funkgeräts. Alle meine Kumpel brachen in schallendes Gelächter aus. Wir hatten mal wieder die Unterhaltung eines Liebespärchen gestört.

Es war die Zeit, als der CB-Funk das Tollste überhaupt und für fünfzehnjährige Jungs wie uns das war, was Twitter heute ist. Unterhaltungen über Funk waren etwas völlig Neues, das Beste daran aber war, dass andere Kids zu mir kamen, wenn Gerry und Dot nicht da waren. Wir versammelten uns um mein Gerät und belauschten fremde Unterhaltungen. Die Leute verabredeten sich über CB-Funk zu Schlägereien und legten dabei fest, was sie anziehen würden und wie sie sich zu erkennen geben wollten. Ich und meine Freunde mischten sich ein, stachelten sie an oder sagten auch Sachen wie: »Lass gut sein, du Niete, der macht dich bloß fertig! Du klingst doch, als könntest du dich noch nicht mal aus einer Papiertüte rausboxen. Wenn du eine Tür aufmachst, hebst du dir einen Bruch!«

Am witzigsten aber war es, wenn wir Süßholz raspelnden Verliebten zuhörten. Das Tolle daran war, dass der männliche Part die Beleidigungen, die wir ihm an den Kopf warfen, nicht hören konnte, wenn er mit seiner Freundin redete; war das Signal der eigenen Antenne auf dem betreffenden Kanal stärker als das seiner Antenne, konnte man ihn übertönen. Und wenn die Freundin stutzig wurde und fragte, was da los sei und warum jemand ihren Typen einen Wichser nannte, und ihr Gespräch anschließend in eine ganz andere Richtung abdriftete, wieherten wir allesamt los.

»Derek«, kam es von ihr. »Da redet noch jemand, wenn du was sagst.«

»Was sagst du, Liebes?«

»Sie bezeichnen dich als Wichser.«

»Wer ist da noch auf dem Kanal?«, schrie Derek. »Bist du das, Trevor?«

An der Stelle überschütteten wir ihn alle gleichzeitig mit unseren Beleidigungen. »Mann, Derek, deine Braut ist vielleicht hässlich. Hässlich wie die Nacht. Eine richtige Schreckschraube.«

Manchmal waren wir wirklich gehässig und verfolgten sie auf sämtlichen vierzig Kanälen, auf denen sie entkommen wollten. Zum Schluss blieb ihnen nichts anderes übrig als abzuklemmen. Das war um Längen besser, als mit Butch allein zu Hause herumzuhocken.

Im Lauf der Zeit trieben wir es immer bunter. Wir gingen sogar so weit, dass wir in der gesamten Gegend auf die Dächer stiegen und die Antennen anderer CB-Funker klauten, die besser waren als unsere eigene. Die benutzten wir dann, um das Signal unseres Geräts zu verstärken. Auf die Dächer zu gelangen, war nicht schwer – wir besorgten uns von den örtlichen Schlossern Feuerwehrschlüssel. Die Schlosser freuten sich über das zusätzliche Geschäft, sie stellten keine Fragen, und wir erzählten nichts; so einfach war das.

Antennenklauen war nur eines der Dinge, die wir damals abzogen, um der Langeweile zu entgehen. Meine Kumpel und ich rauchten mittlerweile regelmäßig Gras, ganze Nachmittage verbrachten wir zugedröhnt in der Wohnung von einem von uns und hörten Musik auf unhandlichen Kassettenrecordern – Sachen wie Fine Young Cannibals oder Public Image Ltd. Zu welcher Wohnung wir gingen, hing davon ab, wo gerade die Eltern nicht zu Hause waren. Da Gerry immer noch morgens als Müllmann arbeitete, kam unsere Wohnung nur selten infrage. Ich war nicht gern mit ihm zu Hause, weshalb ich so oft wie möglich mit Butch rausging. Er war zu diesem Zeitpunkt sechs Jahre alt und seit seiner Welpenzeit kaum mehr gewachsen. Noch immer war er ziemlich ängstlich, und wenn ich ihn von der Leine ließ, wich er kaum von meiner Seite. Wenn meine Freunde mich mit ihm in der Siedlung sahen, machten sie sich gnadenlos über ihn lustig.

»Ach, du mit deinem Schwuchtelköter.« Solchen Dreck eben, der mich nicht interessierte.

Eines Abends war ich bei einem Freund, der ebenfalls im President House wohnte. Nachdem wir keine Lust mehr auf den üblichen CB-Funk-Unsinn hatten, erzählte er mir, dass sein Dad unter dem Bett einen Bolzenschneider liegen habe. Seine Mum und sein Dad waren an dem Abend nicht da, also schlüpften wir ins Schlafzimmer, schnappten uns den Bolzenschneider und überlegten, was wir damit anfangen konnten. In der Nähe gab es einen Park, dessen Tor nachts mit einem Vorhängeschloss gesichert war. Wir dachten uns, es wäre ganz witzig, wenn wir es aufschneiden würden. Mehr hatten wir gar nicht vor. Wir wollten nichts klauen – wir wollten nur unseren Spaß haben. Also rannten wir zum Parktor hinunter und machten uns an dem Schloss zu schaffen. Ein paar Sekunden später rief mein Kumpel plötzlich: »John! Da drüben!«

Ich fuhr herum. Auf der Straße ganz in der Nähe stand ein Streifenwagen mit zwei Polizisten, die interessiert in unsere Richtung glotzten. Wir hatten uns noch nicht mal die Mühe gemacht, erst die Gegend zu überprüfen, wir Idioten! Sofort ließen wir den Bolzenschneider fallen und rannten in unterschiedliche Richtungen davon.

Ich weiß nicht, wohin mein Freund flüchtete, ich jedenfalls landete in der verwinkelten Nachbaranlage Midway House. Zum Glück kannte ich die Anlage wie meine Westentasche. Die beiden Polizisten stolperten über die eigenen Füße, als sie mir hinterherspurteten. Das Asthma aus Kinderzeiten hatte sich längst herausgewachsen, und ich konnte richtig schnell laufen.

Statt die Stufen einzeln zu nehmen, sprang ich schließlich eine ganze Treppenflucht hinunter, überquerte die Goswell Road und flüchtete in die Sicherheit des President House. Keine Minute später trommelte ich wie wild an unsere »Haustür«.

»Was soll der Scheißlärm da draußen?«, schrie Gerry.

»Ich muss aufs Klo, Dad. Lass mich rein. Bitte.« Das war die beste Ausrede, die mir auf die Schnelle einfiel. Ich stürzte aufs Klo, damit Gerry keinen Verdacht schöpfte, versuchte durchzuatmen und ging danach sofort ins Bett. Später lag ich unter der Bettdecke und grinste mir eins bei dem Gedanken, den Polizisten entwischt zu sein. Ich hatte den Bullen den Stinkefinger gezeigt.

Um Mitternacht lagen auch Dot und Gerry im Bett, und im Haus war es ruhig. Doch dann wurde die Stille urplötzlich von einem gewaltigen Hämmern an der Tür unterbrochen. Hier klopfte keiner höflich an – hier pochte jemand mit der Faust gegen die Tür. Niemand klopfte so spät noch an. Schon gar nicht mit der geballten Faust.

Ich wusste sofort, dass es die Polizei sein musste. Offensichtlich war mein Kumpel geschnappt worden und hatte mich verpfiffen und denen meine Adresse gegeben.

Ich hörte Gerry leise fluchen, als er zur Tür schlurfte, noch mehr fluchte er, als er den Riegel zurückschob, und richtig laut wurde er, als er zwei geschniegelte Bullen vor sich sah.

»Haben Sie hier einen John Dolan wohnen?«, fragte einer von ihnen.

»Was zum Teufel hat er jetzt wieder ausgefressen?«, hörte ich Gerry erwidern.

»Wir sind uns noch nicht sicher. Es geht um Sachbeschädigung. Möglicherweise auch um Einbruch.«

»Was, Einbruch?«

»Möglich. Deshalb müssen wir mit ihm reden. Ist er da?«

»Ja. Einen Moment.«

Bevor Gerry die Tür zu meinem Zimmer erreichte, war ich schon auf den Beinen, warf mir Klamotten über und kam ihm im Flur entgegen. Ich konnte ihm kaum in die Augen sehen. »Tut mir leid, Dad«, sagte ich kleinlaut.

»Es wird dir erst richtig leidtun, wenn du wieder nach Hause kommst, du Mistkerl«, lautete Gerrys Antwort.

Als Nächstes legten mir die Polizisten Handschellen an und führten mich nach unten zu ihrem Kastenwagen. Auf der zehnminütigen Fahrt zur Dienststelle King's Cross konnte ich nur daran denken, wie ich mir meinen Kumpel vorknöpfen und ihm eins aufs Maul geben wollte – und natürlich an den Stress, der mich später zu Hause erwarten würde.

Ich bekam eine Anzeige wegen Sachbeschädigung. Was wir getan hatten, war bei Weitem nicht mit dem Großen Postzugraub zu vergleichen, es hielt den Richter von Clerkenwell aber nicht davon ab, mir dreißig Pfund Strafe aufzubrummen, die Gerry zu zahlen hatte.

»Du elender Mistkerl«, sagte er, als er mir von seinem sauer verdienten Lohn die Scheine abzählte.

Auch in den nächsten Wochen, wenn nicht Monaten, beruhigte sich Gerry kaum. Jedes Mal, wenn ich ihm unter die Augen trat, murmelte er ein verächtliches »Mistkerl«. Daher hielt ich mich so selten wie möglich zu Hause auf, unternahm lange Spaziergänge mit Butch und blieb manchmal mehrere Tage bei einem Kumpel. Wenn Gerry richtig wütend wurde, was nach einigen Bier schon passieren konnte, drohte er wieder, mich rauszuschmeißen oder bei Jimmy Dolan abzuliefern. Davor hatte ich nach wie vor einen Riesenschiss. Ich hatte Jimmy mittlerweile öfter gesehen, aber ich konnte nicht behaupten, ihn zu kennen oder dass ich gern bei ihm wohnen wollte.

Bei unseren Begegnungen hatte er mir von seinem Second-Hand-Möbelladen erzählt, den er zusammen mit seinem Dad betrieb, einem Original, das von allen nur als Mad Jimmy bezeichnet wurde. Jeder, der ihn auch nur ein bisschen kannte, verstand, warum er so genannt wurde. Angeblich lief das Geschäft ziemlich gut, deshalb fragte Jimmy mich, ob ich nicht gelegentlich aushelfen wollte, um mir ein bisschen Taschengeld dazuzuverdienen. Das alles lief sehr unaufgeregt ab. Es gab keine melodramatischen Vater-Sohn-Szenen; für mich war er wie früher einfach nur Jimmy Dolan, und wir kamen gut miteinander aus, als ich an den Wochenenden für ihn Möbel herumschleppte.

In meinem letzten Schuljahr wurde ich einer Sonderklasse für problematische Schüler aus ganz London zugeteilt. Mit meiner Aufmerksamkeit im Unterricht war es stetig bergab gegangen, und obwohl Mr. Glover nach wie vor alles getan hatte, um mir zu helfen, war ich eine einzige Plage. Daher war es für alle Beteiligten besser, wenn ich die Schule verließ. Die neue Einrichtung war eher ein College als eine Schule, man behandelte uns wie junge Erwachsene, nicht wie Kinder. Wenn man wollte, konnte man Gitarren- oder Kochunterricht belegen, es gab sogar ein Raucherzimmer, wo wir nach dem Unterricht zusammensaßen und Benson & Hedges pafften. Ich ging jeden Tag hin, saß dort aber nur meine Zeit ab und zählte die Tage, bis ich ganz offiziell gehen durfte.

Im Mai meines letzten Schuljahrs standen die Prüfungen an. Wir marschierten mit vielen anderen Schülern in einen großen Raum, und ein Lehrer verkündete: »Wenn jemand von euch keine Lust auf die Prüfung hat, soll er jetzt gehen und die anderen nicht bei ihrer Arbeit stören.«

Ich war der Erste, der aufstand, was eine Kettenreaktion auslöste. Weitere erhoben sich, bis etwa ein Dutzend von uns den Raum verließ. Einige Wochen später, am letzten Schultag, schritt ich ohne irgendeinen qualifizierten Abschluss durch das Schultor. Ich konnte ziemlich gut zeichnen, aber das war dann auch schon alles. Doch das störte mich nicht weiter – ich war überzeugt, dass jetzt mein richtiges Leben beginnen würde. Jetzt konnte ich endlich tun und lassen, was ich wollte, und ich freute mich darauf, zu sehen, was als Nächstes kam.

Viele von denen, mit denen ich aufgewachsen war, gründeten sehr früh eine Familie und hatten Kinder, was ich für mich überhaupt nicht sah. Ich hatte noch nicht mal eine Freundin, und als ich von der Schule abging, war ich leider wieder so dick wie vor meinem Klinikaufenthalt; daher war es auch unwahrscheinlich, dass ich bald eine finden würde. Meine schlanke Phase hatte höchstens ein Jahr gedauert, dann hatte ich Gras entdeckt und die ganze Zeit gefuttert. Bei meinem Aussehen fehlte mir das Selbstvertrauen, um Mädchen nach einem Date zu fragen.

Viele der Schulabgänger fanden einen Job in den kleinen Nähereien um Clerkenwell, einige meiner Kumpel hatten Arbeit in einer großen Schuhfabrik an der Margery Street, wo sie Schuhsohlen aufklebten. Das war etwas, was ich mir noch nicht mal ansatzweise vorstellen konnte – ich hasste stupide, monotone Tätigkeiten. Irgendwie, sagte ich mir, würde sich für mich schon was ergeben, und alles würde gut werden. Naiv, anders konnte man das nicht bezeichnen.

Alles, worauf ich Lust hatte, war, mit meinen Kumpels abzuhängen, Musik zu hören, zu rauchen und zu faulenzen. Dot und Gerry hatten andere Vorstellungen. Sie sahen es nicht gern, wenn ich zu Hause herumlungerte, daher machten sie mir ziemlich Feuer unterm Hintern, mir eine Arbeit zu suchen. Aber ohne jeden Abschluss war das nicht so einfach. Als mir daher Jimmy Dolan anbot, weiterhin in seinem Gebrauchtmöbelhandel zu arbeiten, stimmten sie widerstrebend zu, auch wenn Dot darauf bestand, dass ich mir so schnell wie möglich »eine richtige Arbeit« suchen sollte.

Je mehr Zeit ich mit Jimmy verbrachte, desto mehr hielt ich ihn für einen anständigen Kerl, dem wirklich etwas an mir lag. Für mich wurde er zu so was wie ein alter Familienfreund. Als er mir das Angebot machte, nahm ich es mit Freuden an, denn es würde wenigstens dafür sorgen, dass ich vor Dot und Gerry meine Ruhe hatte.

Diesmal ließ mich Jimmy Flyer verteilen; ich lief also durch die Stadt und teilte Flyer aus, auf denen stand: »Zahle gute Preise für neue und gebrauchte Büromöbel.« Die Arbeit machte mir großen Spaß, vor allem, weil ich mein eigenes Geld verdiente. Das Problem war nur, dass ich nur unregelmäßig zu tun hatte. So arbeitete ich manchmal zwei Wochen lang und hatte dann eine Woche frei, und dann rauchte ich mehr Dope als jemals zuvor, weil ich mir nun größere Mengen leisten konnte. Ganze Tage verbrachte ich zu Hause, rauchte und schlief. Hin und wieder machte ich einige Liegestütze und stemmte Gewichte – meistens nur, um mein schlechtes Gewissen zu beruhigen –, aber das reichte natürlich nicht, um wirklich abzunehmen. Der Schlaf war immer verführerischer als hartes Training. Als ich dann äußerst unsanft aus meinen Träumen gerissen wurde, erwischte es mich eiskalt.

10

Im Alter von achtzehn Jahren musste ich in der Jugendvollzugsanstalt Feltham in Haft. Zusammen mit einem Freund hatte ich Unterschriften für gestohlene Sparbücher gefälscht und auf der Bank oder der Post 50- oder 100-Pfund-Beträge abgehoben. Irgendwann wurden wir dabei erwischt und wegen Betrugs zu einer Haftstrafe von sechs Monaten verurteilt.

Das war im Dezember 1989, in Berlin war die Mauer gefallen, Nelson Mandela würde bald Robben Island verlassen können. Ich dachte, ich hätte es noch gut erwischt. Ich lebte in einem freien Land, wo ich in den Genuss eines gerechten Gerichtsverfahren kommen sollte. Dot und Gerry wollten mich beim Prozess kaum ansehen. Mittlerweile hatten sie mich mehr oder minder abgeschrieben.

Feltham, hatte ich gehört, war eine Einrichtung, in der es sehr hart zuging, aber ich sagte mir, es sei nur eine Jugendstrafanstalt, und außerdem würde ich nicht lange einsitzen. Ich war bloß ein dummer Kleinganove, kein Gewaltverbrecher oder so was. Man hatte mir eine kurze Haftstrafe aufgebrummt, und ich würde diese traurige Geschichte bald hinter mir lassen und mit dem Leben weitermachen.

Es stellte sich als das härteste halbe Jahr meines Lebens heraus, und das sage ich jetzt als Zweiundvierzigjähriger, der nahezu jedes Gefängnis im Großraum London und dazu noch ein paar andere von innen gesehen hat.

Die Tortur begann, bevor ich überhaupt in Feltham eingeliefert wurde. Nach dem Gerichtsprozess überstellte man mich in eine große Gefängniszelle in Lambeth, Südlondon. Darin waren etwa fünfzig junge Straftäter aus ganz London zusammengepfercht, und sobald ich sie sah, wusste ich, dass ich nicht halb so tough war, wie ich gedacht hatte. Manche unter ihnen sahen wie richtige Gangster aus, stramme Muskelprotze mit fiesem Blick, die stolz ihre Narben zur Schau stellten. Sie hätten mich mit bloßen Händen erwürgen können. Ein Asiate – ein ziemlich großer Kerl – kam in einem tollen Anzug und einer hübschen Uhr herein. Keine Minute später gingen acht Jamaikaner auf ihn los und nahmen ihm die Uhr ab. Die Polizisten draußen stellten sich blind und taub. Das war ein Vorgeschmack auf das, was mich in Feltham erwartete – ich wusste, es würde nicht schön werden.

Aus der Zelle in Lambeth wurden wir alle in einen Gefangenentransporter verladen, einen Kastenwagen mit vielen schmalen Abteilen, in dem wir wie Vieh durch die Stadt nach Feltham, draußen in der Nähe von Heathrow, gekarrt wurden. Wenn Sie meinen, Sie wüssten, wie das ist, weil Sie *Scum – Abschaum* mit Ray Winstone gesehen haben, dann täuschen Sie sich. Die Wirklichkeit ist zehnmal schlimmer; ich schwitzte erbärmlich, und während der gesamten Fahrt hatte ich scheußliche Angst. Die Fahrt dauerte insgesamt vierzig Minuten, und in jeder einzelnen davon schiss ich mir fast in die Hosen.

Endlich im Gefängnis angekommen, wurden wir alle in einen Nebenraum geführt, wo wir warten mussten, bis man uns aufrief. Die Jungs musterten sich, man spürte die Aggression, die in der Luft zu hängen schien. Das alles hier war weit, weit außerhalb meiner Liga.

»John Dolan«, rief irgendwann einer der Gefängniswärter. Ich musste aus dem Raum und zu einem Schalter, hinter dem ein Beamter saß. Ich nannte ihm Namen und Adresse, dann wurde ich in einen weiteren Raum gebracht, wo ich sämtliche Besitztümer abgab und meine Zivilkleidung gegen ein grobes blaues T-Shirt, eine Jogginghose und alte, gebrauchte Unterhosen und Socken eintauschte, die vor mir schon mindestens fünfzig andere Leute getragen hatten. Es waren dicke Wollsocken, und wenn man bis dahin keine Schweißfüße und keinen Fußpilz gehabt hatte, dann war es jetzt nur noch eine Frage der Zeit, bis man das alles bekam. Man gab mir auch Bettwäsche, einen Plastikbecher und Besteck, dann brachte man mich in meine Zelle. Ich biss mir auf die Lippen, um nicht loszuheulen, denn ich wusste, jede Gefühlsregung würde von den anderen als Schwäche ausgelegt werden. Ich konnte es mir nicht leisten, als leichtes Opfer eingestuft zu werden. Bis ich in meiner Zelle im Erdgeschoss eintraf, war ich nur noch eine Nummer, ein Barcode, der irgendwo ausgelesen wurde.

Ich fand schnell heraus, dass ich von Typen umgeben war, die wegen Mordes oder bewaffneten Raubs einsaßen; wirklich gewalttätige Männer, bei denen einem der Arsch auf Grundeis ging, wenn man sie nur sah. Bislang war ich nur einmal richtig vom President House weg gewesen, und das war während meines Aufenthalts im Barts Hospital; ich verstand einfach nicht, warum ich mit Typen die Zelle teilen sollte, die sehr viel schwerere Straftaten als ich begangen hatten.

Die Umgebung, der Alltag wurden mir schnell vertraut, was das Leben aber keinen Deut einfacher machte. Immer und überall stank es nach Desinfektionsmitteln, und an das absolut widerliche Essen konnte ich mich nie gewöhnen. Bekam man gekochte Kartoffeln, musste man damit rechnen, dass zwei von vier essbar waren und die beiden restlichen so hart wie Ziegelsteine. Wir bekamen dreimal am Tag eine Mahlzeit, aber ich hatte nie Hunger, weil es nichts zu tun gab, um wirklichen Appetit zu entwickeln.

Die Tage zogen sich endlos dahin. Es gab kein Fernsehen, die Zelle war kahl. Zur Unterhaltung hatten wir bloß ein Kofferradio, das Dot mir auf meine Bitte hin geschickt hatte, sowie die Bücher aus der Gefängnisbibliothek. Wie gesagt, in der Schule war ich ein Spätzünder gewesen. Das Lesen hatte ich erst mit zehn Jahren gelernt, und das auch nur, weil sich der Direktor der Morland Primary meiner und fünf anderer angenommen hatte, die ebenfalls im Unterricht nicht mitkamen. Jeden Nachmittag zwischen 15.00 und 16.30 Uhr behielt er uns an der Schule und gab uns Nachhilfe. Im Gefängnis wurde ich jetzt zu einem eifrigen Leser, schnappte mir jedes verfügbare Buch und vertiefte mich in zahllose Kriegsgeschichten und Dutzende Autobiografien.

Nicht ein einziges Mal aber griff ich zu einem Stift, um zu zeichnen. Der Gedanke streifte mich noch nicht einmal. Ein Gefängnisaufenthalt saugt einen aus, ich hatte keinen einzigen Funken Kreativität mehr in mir.

Eines Tages hörte ich, wie in der angrenzenden Zelle ein heftiger Streit ausbrach. Ich machte mir Sorgen um den einen der beiden Häftlinge, dessen Zellengenosse ein riesiger Kerl war. Ich befürchtete, er würde übel zugerichtet werden. Aber als ich ihn bei der nächsten Essensausgabe sah, hatte er zu meiner großen Überraschung nicht eine einzige Schramme abbekommen. Ich hörte mich um und erfuhr von einem anderen Mithäftling, was passiert war.

»Ein Gefängniswärter wollte die Rolex von dem großen Typen«, erklärte er. »Der Kleine hat sie ihm besorgt, und als Gegenleistung gibt's Schutz und Gras für fünfzig Mücken.«

Der Große tauchte an dem Tag nicht zum Abendessen auf.

Wahrscheinlich lag er auf der Krankenstation. Wenn man wusste, wie, bekam man im Knast auch Cannabis, aber ich beschloss, mein Leben nicht noch komplizierter zu machen, als es ohnehin schon war. Ich ließ das Cannabis sein, was mir nicht so schwerfiel, nachdem ich mich daran gewöhnt hatte, keines zu bekommen. Aber ich war damals doch sehr erstaunt, dass manche Wärter Häftlinge mit Cannabis versorgten, was nur zeigt, wie unglaublich weltfremd ich damals gewesen bin.

Einer meiner Zellengenossen war ein Spanier, der nur gebrochen Englisch sprach und anfangs einen ganz anständigen Eindruck machte. Was aber nicht viel hieß. Ich lernte schnell, dass im Gefängnis schlichtweg alles möglich ist und man auf den äußeren Schein nicht viel geben darf.

»Warum bist du hier?«, fragte er mich.

»Wegen Betrug. Ein halbes Jahr wegen gestohlener Postbank-Sparbücher.«

Er wirkte erleichtert, aber auch ein bisschen misstrauisch.

»Echt? Das ist alles?«

»Ja, ich weiß. Was ist mit dir?«

Ich dachte, er würde mir eher die weichgespülte Version auftischen, aber er hielt nicht hinterm Berg und schien auf seine Straftat sogar stolz zu sein. Er zeigte mir sein Anklageprotokoll, die einzige Möglichkeit, um sicherzugehen, dass man auch wirklich die Wahrheit erfuhr. Er war inhaftiert, weil er bei einem ETA-Sprengstoffanschlag jemanden umgebracht hatte.

»Das hätte ich jetzt nicht gedacht«, sagte ich und versuchte mein Entsetzen zu verbergen. Und damit war das Thema beendet.

Ansonsten unterhielten wir uns über alles Mögliche, über Musik, Bücher und was wir tun würden, wenn wir wieder draußen waren. Im Grunde war er ein guter Kumpel, und ich war froh, mit ihm die Zelle teilen zu dürfen und nicht mit jemandem, der wegen einer Messerstecherei oder schwerer Körperverletzung einsaß. Ich fühlte mich sicher bei ihm, solange wir nicht über die baskische Unabhängigkeit sprachen, worauf ich aber sowieso keine große Lust hatte.

In vielen Nächten hörte man in einer der Zellen im Gang Lärm und Geschrei, und am nächsten Tag erfuhr man, dass ein armes Schwein versucht hatte, sich die Pulsadern aufzuschneiden oder sich aufzuhängen, oder von seinem Zellengenossen grün und blau geprügelt worden war. Ich schlief nie besonders gut; wahrscheinlich hätte ich mitten im Löwengehege des Londoner Zoos ruhiger geschlafen als hier.

Erneut in einem Gefangenentransporter wurde ich für meine restliche Haftzeit ins Gefängnis von Rochester in Kent verlegt, einer noch viel schlimmeren Einrichtung als Feltham. Ich möchte darüber nicht reden. Ich habe schlechte Erinnerungen an diesen Ort. Als ich schließlich meine Gefängniskleidung und die Stinkesocken abgab, schwor ich mir: »Ich will nie mehr mit dem Gesetz in Konflikt geraten. Nie mehr.«

In dieser Hinsicht hatte die Haftstrafe ihren Zweck erfüllt. Ich war fest entschlossen, auf dem schmalen rechten Pfad der Tugend zu bleiben, damit ich für den Rest meines Lebens kein Gefängnis mehr von innen sehen musste. Ich trat hinaus in den Sonnenschein des Sommers 1990, war aufrichtig dankbar für meine Freiheit und freute mich darauf, ein neues Leben in Angriff zu nehmen.

11

Manchmal betrachte ich George und wünsche mir, ich wäre ein Hund. Er sitzt da, muss sich um nichts kümmern, kratzt sich die Eier und sieht mich schief an, als wollte er mir sagen: »Das Leben ist schon hart, was, du Niete?«

Mittlerweile zeichne ich ein Bild nach dem anderen, arbeite an Aufträgen und neuen Projekten, schreibe dieses Buch und bereite eine neue Ausstellung vor.

»Du weißt doch gar nicht, was ein hartes Leben ist«, sage ich zu George, der mich keine Sekunde aus den Augen lässt. Einfach unglaublich, wie er mich unumwunden fixiert. Als würde er eine wertvolle Fracht bewachen. Und immer schwingt in seinem Blick eine Sorge mit, als fürchtete er, ich könnte zerbrechen.

Er weiß, dass ich nicht meine, er hätte es immer einfach gehabt. Im Lauf der Zeit erfuhr ich nämlich so einiges über George, und seine Vergangenheit war wirklich nicht angenehmer gewesen als meine.

Insgesamt neun Monate lebten wir in dem möblierten Zimmer in der Royal Mint Street, und an jedem Tag beeindruckte er mich aufs Neue. Auf unseren langen Spaziergängen versuchte ich ihm einzutrichtern, dass er nicht einfach über die Straße laufen oder

Katzen nachjagen konnte. Er lernte schnell, und besonders ein Vorfall ermutigte mich, ihn noch härter ranzunehmen. Seit einigen Wochen war ich mit ihm ohne Leine unterwegs. Das war nicht ideal, aber mit meinem schmerzenden Knöchel und den Krücken blieb mir kaum was anderes übrig. Wir hatten eben die Wohnung verlassen, George lief einige Meter voraus, und als wir um die Ecke bogen, wurden wir von Mitarbeitern des kommunalen Ordnungsdienstes angehalten. Sie schienen nicht erfreut zu sein. »Sir, Sie müssen den Hund an die Leine nehmen«, ermahnte mich einer. »Er ist zu gefährlich. Wenn er nicht an der Leine gehen kann, müssen wir ihn Ihnen wegnehmen. Verstanden?«

Ich verstand, aber ich hatte doch keine andere Wahl. Ich konnte George unmöglich an die Leine nehmen, wenn ich auf Krücken unterwegs war.

Am nächsten Tag hielt ich auf unserem Spaziergang nach den Ordnungskräften Ausschau und befahl George gleichzeitig, nah bei mir zu bleiben. Sobald wir uns aber dem Park näherten, sprintete George los, so wie er es immer tat. In diesem Augenblick sah ich in einer Unterführung die auffallend neongelben Jacken der Ordnungskräfte und wusste, dass es Ärger geben würde. Sie kamen auf uns zu, und ich rechnete bereits fest damit, dass sie mir George wegnehmen würden. Da ich nicht gesehen hatte, wohin er gelaufen war, wurde ich panisch und rief nach ihm – wenn auch nicht besonders laut, um keine Aufmerksamkeit zu erregen. Plötzlich spürte ich, dass mich etwas Weiches am Bein streifte. Mit einem Mal war er wieder da und drückte sich regelrecht an mich. Ich hatte nicht gesehen, woher er gekommen war, und bin mir auch ziemlich sicher, dass er mein Rufen nicht gehört haben konnte, trotzdem war er genau im richtigen Moment zurückgekehrt. Plötzlich bewegten wir uns im Gleichschritt, und durch die Krücke neben mir sah es fast so aus, als würde er an der Leine gehen. Als wir an den Ordnungskräften vorbeigingen, nickte ich ihnen zu und wünschte ihnen einen guten Tag. Kaum waren sie nicht mehr zu sehen, spurtete George wieder los. Ich sah nur noch seine heraushängende Zunge, bevor er im Park verschwand.

Danach verstärkte ich das Training und machte ein Spiel daraus. In der ersten Lektion ging es darum, am Straßenrand sitzen zu bleiben und erst loszulaufen, wenn ich die Aufforderung dazu gab. Er war immer noch ein schrecklich unruhiger Geist, aber nachdem wir mehr und mehr Zeit zusammen auf der Straße verbrachten, war es unerlässlich, dass er still sitzen bleiben konnte. Wenn er auch nur einen Muskel rührte, bevor ich den Befehl dazu gab, schlug ich mit der Krücke auf den Boden und brüllte ihn an, damit er sich erinnerte, was passiert, wenn er nicht folgte. Nachdem ich ihn so weit hatte, wollte ich ihn auf die Probe stellen. Ich ging mit ihm zu einer Fußgängerampel und befahl ihm, am Straßenrand sitzen zu bleiben. Dann forderte ich ihn mit ganz normaler Stimme auf, mitzukommen, und er überquerte mit mir die Fahrbahn. Auf der Fußgängerinsel in der Straßenmitte bekam er wieder den Befehl, Sitz zu machen. Das wiederholten wir an die zehnmal und gingen an der Fußgängerampel hin und her. Was sich die Passanten dachten, war mir völlig egal. George lernte verdammt schnell und schien immer ganz bei der Sache.

Die Disziplin, die ich ihm beibrachte, zahlte sich bald aus, und es dauerte nicht lange, bis sein wahrer Charakter zum Vorschein kam. Vom ängstlichen, scheuen, zappeligen George war nichts mehr zu sehen. Vor mir stand ein stolzes Tier mit unbändiger Energie und grenzenlos freudigen Augen. Wenn er glücklich war, war ich es auch.

Eines Tages auf dem Tower Gateway kam ein junger Polizist auf mich zu und stauchte mich gehörig zusammen. Das gehörte zum Berufsrisiko, wenn man auf der Straße bettelte. Man sollte es lieber bleiben lassen, aber die meisten Polizisten bitten einen lediglich, weiterzuziehen. Hin und wieder gerät man allerdings an einen, der mit rechtlichen Schritten droht, falls man nicht auf der Stelle verschwindet. Sofort fing George an, den jungen Polizisten anzuknurren. »Verfluchter Paragrafenreiter«, dachte ich mir.

»Ganz deiner Meinung«, schien mir Georges Blick zu sagen. Schließlich, nachdem ich ihm versprochen hatte, mich hier nicht mehr blicken zu lassen, zog der Bulle weiter, und ich verpasste George einen sanften Klaps aufs Hinterteil.

»Nur einen Klaps, weil du so brav gewesen bist. Morgen, wenn du nicht brav bist, setzt es zwei.«

Ich musste ihm beibringen, die Leute nicht anzuknurren, schon gar nicht Polizisten, gleichzeitig freute mich sein Verhalten aber auch, weil es unsere Beziehung widerspiegelte. Sie war mittlerweile so innig, dass er meinte, mich beschützen zu müssen.

Donnerstag- und freitagabends stand ich nun mit George auf der Bishopsgate neben einem Pub namens Dirty Dicks. Da war immer viel los, und George schreckte die Passanten nicht mehr ab, sondern führte sie mir eher noch zu. Er rührte sich nicht, selbst wenn die Polizeihunde von Bishopsgate vorbeiliefen. Pendler fragten mich, ob sie ihn kraulen dürften, und in neun von zehn Fällen waren sie es, die das Gespräch mit mir anfingen, was das Betteln sehr viel erträglicher machte.

»Woher haben Sie ihn?«, fragten die Leute und streichelten ihm sein rundes Gesicht. »Wie lange haben Sie ihn schon? Wie heißt er?«

Hocherfreut plauderte ich mit ihnen, und sie gaben mir immer ein paar Münzen, bevor sie sich verabschiedeten. Für George, wie sie ausdrücklich betonten, was mich aber kaum kümmerte. Es war immer für uns beide.

Einige Monate später bettelte ich vor einer Tankstelle im East End. George saß neben mir; mittlerweile war er sehr gut erzogen. Ich musste nur meine Stimme erheben und »George, wage es ja nicht!« knurren, schon blieb er gehorsam an meiner Seite. Er gehorchte auf jeden meiner Befehle.

»Na, wen haben wir da denn, ist das womöglich George?«, hörte ich plötzlich jemanden mit verschliffenem schottischem Akzent. Obwohl ich die Stimme nie gehört hatte, kam sie mir irgendwie bekannt vor. Ich war sofort auf der Hut und griff nach Georges Halsband.

»Das war mal mein Hund. Wäre es möglich, ihn wiederzubekommen?«

Ich dachte, ich höre nicht richtig.

»Sag das noch mal, Kumpel.«

»Ich sagte, das ist George, und das war mal mein Hund …«

»Du kriegst ihn nicht mehr«, blaffte ich ihn an. »Du hast ihn für eine Dose Bier verkauft, erinnerst du dich? Also tu mir einen Gefallen und verpiss dich!«

Ich sah ihn mit meinem härtesten, im Gefängnis aufgeschnappten Arschloch-Blick an und achtete darauf, dass man meiner Stimme nichts anmerkte. Schon klar, George und ich steckten in Schwierigkeiten.

Diesmal wandte er sich direkt an George. »George, mein Kleiner, erkennst du mich noch? Erkennst du deinen alten Dad? Du musst zu mir kommen und ein paar Tage bei Onkel Chick bleiben.«

Ich war kurz vor dem Ausrasten, schaffte es aber, mich zusammenzureißen.

»Vergiss es, Kumpel. Er ist jetzt mein Hund. Du hast ihn verscherbelt, also zieh Leine und lass dich hier nicht mehr blicken.«

George reagierte auf »Onkel Chick« überhaupt nicht. Er saß nur reglos da, so wie ich es ihm beigebracht hatte, und wirkte sogar etwas gelangweilt. Schwer zu sagen, was ihm durch den Kopf ging.

»Er erinnert sich an mich«, sagte der Schotte und klang etwas verzweifelt. »Schau ihn dir an, er erinnert sich an seinen alten Dad, was, George?«

»Er ist jetzt abgerichtet, das ist alles«, sagte ich. »Er ist jetzt mein Hund, Kumpel, und ich hab ihm beigebracht, wie man sich benimmt. Und jetzt tu dir selbst einen Gefallen und mach einen Abgang. Hörst du mich? Ich will deine Visage hier nicht mehr sehen.«

»Aye, schon verstanden«, sagte er schließlich. Aber ich glaubte ihm nicht.

Kurz nach dieser Begegnung kam mir auf der Straße zu Ohren, dass der Schotte versuchen wollte, mir den Hund zu stehlen. Ich war ganz krank vor Angst. Der Gedanke, George zu verlieren, war mir unerträglich. Die ganze Zeit hielt ich nach dem Schotten Ausschau, auf unseren Spaziergängen musste George immer dicht bei mir bleiben. Ich gehöre zu den Menschen, die sich solche Dinge sehr zu Herzen nehmen. Panisch schreckte ich mitten in der Nacht aus dem Schlaf hoch, weil ich glaubte, George wäre mir gestohlen worden. Wenn ich ihn dann in der Kniekehle oder zu meinen Füßen schlafen sah, fühlte ich mich, als hätte ich im Lotto gewonnen. Ich hing so sehr an ihm und konnte mir ein Leben ohne ihn nicht mehr vorstellen.

»Bei mir geht's dir gut«, sagte ich ihm dann. »Ich pass auf dich auf.« Ich würde George beschützen, komme, was da wolle.

Ich gab George ein Versprechen: Sollte uns dieser Chick noch mal über den Weg laufen, würde ich dafür sorgen, dass es das letzte Mal war. Es sollte nicht lange dauern, bis ich mein Versprechen einlösen musste.

Eines Nachmittags saßen wir auf unserem Platz in der Nähe der U-Bahn-Station Tower Hill, als er auf uns zukam. »Wie geht es unserem George denn heute?«, fing er an. Ich war sofort auf hundertachtzig.

»Hör mir zu, und hör mir gut zu. Ich hätte gute Lust, dich windelweich zu prügeln. Wenn ich dich hier also noch mal sehen sollte, mach ich dich fertig. Ist die Botschaft bei dir angekommen, oder brauchst du's auf die harte Tour?«

»Schon gut, Kumpel …«

»Hast du verstanden, was ich dir gesagt habe?«, fügte ich hinzu, ruhiger, als ich mich fühlte.

»Schon gut, Kumpel, der Hund gehört dir …«

Und nachdem er George ein letztes Mal unter dem Kinn kraulte, verzog er sich. Gott sei Dank habe ich später von Onkel Chick nie wieder was gehört.

Eines irritierte mich damals und irritiert mich noch immer: wie George auf ihn reagierte. Hätte man es nicht besser gewusst, hätte man denken können, er hätte ein leichtes Leben bei ihm gehabt. Aber ich wusste, dass so viel Glück George nicht beschieden gewesen war; irgendwann hatte er eine Menge durchmachen müssen. Ich musste noch einige Monate warten, bis ich erfuhr, was sich in Georges Vergangenheit zugetragen hatte. Wir waren auf der Columbia Road unterwegs, als jemand stehen blieb, der uns vor einem der Läden dort gesehen hatte.

Es hatte den Anschein, als würde er George kennen.

»Ich wette, er heißt George«, sagte er und streckte mir die Hand hin. »Ich heiße übrigens Fred.«

George gab durch nichts zu verstehen, dass er den Fremden kannte, aber Fred wirkte nett und hatte nichts Bedrohliches an sich. Ich wollte mehr hören.

»Ich bin Georges Züchter«, erklärte er. »Er hat einen Wurf gezeugt, aber die Hündin hat ihn nicht an die Welpen rangelassen. Jedes Mal, wenn er ihnen zu nahe kam, hat sie ihn weggebissen, daher auch die Schramme in seinem Ohr.«

Dieser Fred schien George wirklich zu kennen. Die Schramme fiel nämlich kaum auf und war nur sichtbar, wenn man wirklich genau hinschaute. Ich war neugierig, mehr über George zu erfahren. Er hatte schon so viel für mich getan, trotzdem hatte ich das Gefühl, dass er mich besser kannte als ich ihn. Gleichzeitig fürchtete ich, dass Fred George zurückfordern könnte. Er erklärte, dass seine Tochter einen Welpen gewollt hatte, er ihr aber keinen aus Georges Wurf geben wollte, da sie Drogenprobleme hatte und das Tier nur verkaufen würde, um an Geld für ihren Stoff zu kommen. Also hatte er ihr stattdessen George geschenkt, weil die Hündin ihm das Leben so schwer gemacht hatte.

»Und was ist danach passiert?«, fragte ich.

»Keine Ahnung. Ich hatte noch zwei andere Staffordshires, die sind Füchsen hinterhergejagt und nicht mehr zurückgekommen. Aber so etwas dürfte mit George kaum passiert sein. Irgendwann war der Hund nicht mehr bei meiner Tochter, sie hatte dafür keine vernünftige Erklärung. Ich gehe also davon aus, dass sie ihn verkauft hat, um sich ihren Stoff zu besorgen.«

Das erklärte eine Menge über George – warum er anfangs so nervös gewesen, warum er mir so treu ergeben war, nachdem ich ihn abgerichtet hatte. So weit ich in Erfahrung bringen konnte, hatte er vor Becky und Sam mindestens drei Besitzer gehabt, von denen ihn keiner so behandelt hatte, wie es sich gehört hätte. Jeder Hund entwickelt eine enge Beziehung zu der Person, die sich um ihn kümmert, aber wenn diese Beziehung zerbricht, ist das besonders für einen so jungen Hund wie George sehr hart. Und wenn er noch dazu nicht abgerichtet ist und die Verhaltensregeln nicht kennt, schafft das weitere Unsicherheit.

Wenn ich George heute aufziehe und ihn einen nichtsnutzigen Köter schimpfe, der immer nur auf der faulen Haut liegt, dann ist das natürlich nicht ganz ernst gemeint. Er hatte in seinem Leben eine Menge durchgemacht. Wir wissen beide, wie es sich anfühlt, wenn man einsam ist, wenn man von niemanden gewollt und zurückgewiesen wird, und ich glaube, wir beide verstehen uns.

»Also, wollen Sie ihn wiederhaben?«, fragte ich Fred mit einem Kloß im Hals.

Er war ehrlich zu mir gewesen, also wollte ich jetzt wissen, was er sich dachte.

»Nein, ich denke ja nicht im Traum daran. Er sieht gesund aus. Er ist abgerichtet und gut genährt. Behalten Sie ihn. Sie haben ihn sich verdient.«

»Das freut mich zu hören«, antwortete ich. »Er ist das Einzige, was mir jemals etwas bedeutet hat.«

»Du rührseliger Arsch«, kam die Erwiderung – nicht von Fred, sondern von George, der mich ansah, als hätte ich gerade vollkommen den Verstand verloren.

12

»Du kannst nicht mehr zu uns zurück«, sagte Gerry.

Er sah mir dabei fest in die Augen, als würde er es ernst meinen. Mit einer kleinen Tüte, in der meine ganzen Habseligkeiten verstaut waren, hatte ich das Gefängnis verlassen und den nächsten Zug zum President House genommen. Mir war schon klar, dass Dot und Gerry mir nicht unbedingt den roten Teppich ausrollen würden, dass ich aber offen zurückgewiesen werden würde, hatte ich nicht erwartet. Sie hatten mich abwechselnd immer wieder besucht und dabei kein Wort darüber verloren, dass ich nicht mehr willkommen sei.

»Ist Mum da?«, fragte ich, und die blanke Panik packte mich.

»Dorothy! John ist an der Tür.«

Gerry verstellte die »Haustür« und gab mir deutlich zu verstehen, dass ich meinen Fuß nicht über die Schwelle setzen durfte. Dot erschien hinter ihm, nervös wischte sie sich die Hände an ihrer Schürze ab. In diesem Augenblick wusste ich, dass sie zu Gerry halten würde. Mir wurde eiskalt.

»Tut mir leid, John, aber dein Dad hat recht, du kannst hier nicht mehr wohnen. Es geht einfach nicht mehr ...«

Dot sah verzweifelt aus, sogar Gerry wirkte erschüttert, trotz seines versteinerten Gesichts.

»Was soll ich denn jetzt machen? Ich kann doch sonst nirgendwohin.«

»Das hättest du dir verdammt noch mal vorher überlegen sollen, bevor du eingebuchtet wurdest«, schnauzte Gerry mich an. »Du kannst nicht behaupten, dass ich dich nicht gewarnt hätte. Wie oft hab ich dir gesagt, dass du schauen musst, wie du allein zurechtkommst, wenn du dich nicht endlich zusammenreißt.«

»Du fetter Scheißkerl«, platzte ich heraus.

So etwas hatte ich noch nie zu ihm gesagt. Seine Erwiderung kam prompt: »Verpiss dich und lass dich hier nicht mehr blicken, du undankbarer Drecksack.«

Zwei Nachbarn hatten den Lärm gehört, sie kamen aus ihrer Wohnung und sahen nach, was vor sich ging. Die arme Dot wusste nicht, was sie tun sollte. Ich wollte es ihr nicht noch schwerer machen.

»Gut, wenn du es so willst«, blaffte ich zurück. »Bis dann.«

Damit drehte ich mich um und ging. Ich hörte, wie hinter mir die »Haustür« zugeknallt wurde. Es schnürte mir die Kehle zu, und mir schossen die Tränen in die Augen, als ich durch den Flur in Richtung Treppe ging, weg von meinem Kindheitszuhause.

Ich brauchte eine Bleibe für die Nacht. Ich dachte daran, Jackie, Malcolm oder David zu fragen, hatte aber das Gefühl, dass es besser wäre, sie aus der Sache rauszuhalten. Sie waren alle schon verheiratet und führten ein gediegenes, glückliches Leben. Ich hatte ihnen schon genug Probleme bereitet, ich musste jetzt nicht bei ihnen anklopfen und fragen, ob ich bei ihnen übernachten durfte. Auch zu meinen Freunden wollte ich nicht. Wie gesagt, ich bin nicht dazu erzogen worden, bei anderen betteln zu gehen.

Eine Weile lang stapfte ich wie in Trance durch die Siedlung, bevor ich schließlich in den ersten Bus stieg, der vorbeikam und zufällig ins West End fuhr. Ich saß auf dem oberen Deck und heulte Rotz und Wasser. Die Blicke der anderen waren mir egal. Eine ältere Frau hörte mich schniefen und sah mich mitfühlend an, worauf es mir noch schlechter ging. Ich schluchzte inmitten des vollbesetzten Busses wie ein Kleinkind. Ich achtete nicht darauf, wo der Bus hinfuhr, achtete nicht auf die Haltestellen, weil ich kein bestimmtes Ziel vor Augen hatte. Allmählich dämmerte mir, dass ich obdachlos war. Der Gedanke traf mich hart. Ich war neunzehn Jahre alt, kam frisch aus dem Knast und hatte verdammt noch mal kein Dach über dem Kopf.

Ich stieg in den nächsten Bus und fuhr in die entgegengesetzte Richtung nach King's Cross, weil ich dort viele Obdachlose gesehen hatte. Ich hatte keinen Plan; ich fühlte mich nur verdammt einsam und wollte etwas Kontakt zu anderen Menschen. Einer von den Leuten dort sah, in welchem Zustand ich mich befand, und kam zu mir herüber. »Wie alt bist du?«, fragte er. Als ich ihm sagte, ich sei neunzehn, riet er mir, eine Einrichtung namens Alone in London aufzusuchen, die in der Pentonville Road lag und sich um Teenager wie mich kümmerte.

»Ich bring dich hin, wenn du nichts dagegen hast.«

»Das kann ich schon allein«, antwortete ich.

»Es macht mir nichts aus. Ich hab sonst eh nichts zu tun.«

Er schien es ehrlich zu meinen. Durch den Gefängnisaufenthalt hatte ich ein ziemlich gutes Gespür dafür entwickelt, wem zu trauen war und wem nicht. Er wollte sich nur nützlich machen, was auf viele Obdachlose zutrifft. Sie wissen, wie es sich anfühlt, wenn man ganz unten ist.

Der Schriftzug auf dem Alone-in-London-Schild war blau auf schwarzem, mit Sternen und Monden gepunktetem Hintergrund. Ich musste es nur ansehen, schon fühlte ich mich unendlich deprimiert.

»Gut, du kannst mich jetzt allein lassen«, sagte ich zu dem Typen. »Und danke für deine Mühen.«

»Kein Problem. Viel Glück. Wird schon wieder«, sagte er noch, als wir uns voneinander verabschiedeten.

Als ich allein davor stand, war es mir plötzlich unmöglich, einen Fuß vor den anderen zu setzen. Ich konnte nicht hinein; so verzweifelt war ich noch nicht. Es musste was Besseres geben.

Ich schluckte meinen Stolz hinunter und übernachtete dann eine Woche oder so bei zwei Freunden. Wahrscheinlich behauptete ich, ich könnte ins President House zurück, wenn Gerry sich wieder beruhigt hatte, obwohl ich wusste, dass das nicht passieren würde. Ich wollte weder mir noch anderen gegenüber zugeben, wie tief und hart ich gefallen war.

Ich hatte vielleicht in dieser ersten Nacht keinen Schlafplatz, aber dieser Zustand würde nicht von Dauer sein, ich würde nicht aller Welt auf die Nase binden, was vorgefallen war. Ich würde mich sehr schnell wieder hochrappeln – das redete ich mir ein, und das wollte ich glauben. Ich konnte Arbeit finden und eine eigene Wohnung. Das war mein Plan.

Einige Tage darauf ging ich zu Jimmy Dolan und bat ihn um Arbeit. Er hatte mir schon in der Vergangenheit geholfen, weshalb ich ihn jetzt als Erstes aufsuchte. Als Jimmy sah, in welchem Zustand ich mich befand, und ich ihm beichtete, dass Gerry mich vor die Tür gesetzt hatte und ich bei Freunden auf dem Sofa oder dem Boden schlief, bot er mir nicht nur Arbeit in seinem Möbelladen an, sondern wollte mir auch helfen, eine Wohnung zu finden.

»Du weißt, John, ich würde dich aufnehmen, aber das geht eben nicht mit der Familie und allem …«, sagte er. Ich war bereits dankbar, dass ihm dieser Gedanke überhaupt gekommen war. Er hatte Frau und Kinder, die mich kaum kannten, und außerdem hatte ich mich seiner Familie nie aufdrängen wollen.

Jimmy fuhr mit mir zu Centrepoint, einer Wohltätigkeitseinrichtung für obdachlose Jugendliche, die in der Shaftesbury Avenue untergebracht war. Wir stiegen eine alte schmiedeeiserne und dick mit Vogelkacke bedeckte Treppe hinauf, die abscheulich stank. Ich trat durch die Tür in einen offenen Raum. Dort gab es einige Sofas, einen alten Fernseher und die Möglichkeit, sich einen Tee zu machen. Überall saßen Jugendliche, unterhielten sich und spielten Karten oder Schach. Ich war geschockt, wie entspannt und fröhlich sie alle waren, während ich selbst nicht unglücklicher hätte sein können.

Bevor Jimmy ging, sagte er mir, Centrepoint sei nur für eine Nacht, höchstens für zwei Nächte. Am Morgen würden wir zur Kommunalverwaltung von Islington gehen, und wenn wir dort meine Situation schilderten, würde ich von ihnen schon Hilfe bekommen.

In der ersten Nacht im Centrepoint heulte ich hemmungslos. Das ist mir in Erinnerung geblieben. Ich lag in meinem Einzelbett und wünschte mir, ich könnte nach Hause und mit Butch spielen oder vor der Glotze hängen, eben ganz normale Dinge tun. Trotz der Gefängniserfahrung kam mir das alles so unwirklich vor – und alles fühlte sich an, als würde es einem ganz anderen passieren.

Jimmy holte mich am nächsten und am übernächsten Tag mit dem Auto ab, und wir steuerten alle möglichen Wohnungsämter an. Schließlich, nachdem wir irgendwo stundenlang in der Schlange gestanden hatten, wurde mir die Adresse eines Bed & Breakfast in King's Cross genannt, für das das Wohnungsamt die Kosten übernahm.

»Können Sie ihn auf die Liste für eine Wohnung vom Wohnungsamt setzen?«, fragte Jimmy.

Die Frau hinter dem Schalter lachte uns mehr oder weniger ins Gesicht.

»Klar, aber die Wartezeit liegt bei sieben Jahren. Es sei denn, er wird schwanger«, sagte sie. »Dann wird er vorgezogen.« Keinem von uns beiden war zum Lachen zumute.

Das B&B lag im Rotlichtbezirk von King's Cross und war die letzte Drecksbude. Aber ich sagte mir und Jimmy, dass es ja nicht für lange sei und ich bald was Besseres finden würde. Im Badezimmer, das ich mir mit sieben weiteren Gästen teilte, wimmelte es vor Kakerlaken, und mein Zimmergenosse war ein nach Schweiß stinkender Vierzigjähriger. Das Paradies sah anders aus.

Bald stellte ich fest, dass die Schlimmsten von allen die Betreiber des sogenannten »Hotels« waren. Zimmerwirten wie ihnen wurden von der Kommune Hunderte von Pfund pro untergebrachtem Obdachlosen gezahlt, weshalb sie so viele wie möglich in ihren Räumen zusammenpferchten. Ihre »Gäste« behandelten sie wie den letzten Abschaum, die Hausordnung wurde mit eiserner Faust durchgesetzt, und es wurde alles unternommen, um noch den letzten Penny aus einem herauszupressen. Eine griechisch-zypriotische Zimmerwirtin, der zu begegnen ich das Pech hatte, ließ eines Morgens zehn von uns vor dem Frühstück Aufstellung nehmen, als würden wir vor ein Erschießungskommando gestellt. Dann schritt sie die Reihe ab und sprach jeden Einzelnen an.

»Du zahlst mir Kopfsteuer!«, forderte sie, obwohl sie keinerlei Berechtigung dazu hatte, da die Kommune für sämtliche Kosten aufkam.

Wir stritten uns heftig mit ihr, aber sie warf jeden raus, der mit der Kohle nicht herausrückte, mich eingeschlossen. In anderen B&Bs ging es ähnlich zu, und leider wohnte ich in dieser Phase meines Lebens in vielen solcher Dreckslöcher.

Auch wenn sich die Zimmerwirte nicht als Tyrannen aufführten, wurde man jeden Morgen Punkt zehn rausgeworfen, nachdem man zum Frühstück mit einem fettigen Spiegelei und einem Gummiwürstchen abgefertigt wurde. Meistens durfte man erst um zwanzig Uhr wieder kommen, sodass man eine verdammt lange Zeit totzuschlagen hatte. Meistens konnte ich für Jimmy

Vom Parliament Hill hat man eine wunderbare Aussicht. Manchmal hing ich dort stundenlang meinen Gedanken nach.

arbeiten, allerdings brauchte er mich nicht immer und schon gar nicht Vollzeit. Immer steckte er mir etwas Geld zu, aber oft hing ich den halben Tag einfach nur rum und rauchte Gras. Ich hatte wieder damit angefangen, froh darüber, die Zeit irgendwie rumzubekommen.

Wenn ich nicht für Jimmy arbeitete, suchte ich mir andere Beschäftigungen. Vom Schuleschwänzen wusste ich, dass es nicht einfach war, sich auf der Straße die Zeit zu vertreiben, wenn man kaum Geld in der Tasche hatte. Manchmal kaufte ich mir ein Tagesticket, fuhr auf der Circle Line ständig im Kreis und ließ die Welt an mir vorüberziehen. Oder ich ging ins British Museum und schlenderte durch die Ausstellungsräume. An manchen Tagen fuhr ich mit dem Bus zu den Parliament Hill Fields, wo ich stundenlang auf einer Bank saß und darüber nachdachte, wie mein Leben an diesen Punkt hatte gelangen können.

In jener Zeit war ich unglaublich einsam. Eines Tages, etwa drei Monate nach unserer letzten Zusammenkunft, nahm ich meinen ganzen Mut zusammen und besuchte Dot und Gerry. Ich schob nach wie vor einen Groll auf Gerry, weil er mich rausgeworfen hatte, aber ich wollte den Kontakt nicht ganz abreißen lassen; das hätte mir den Rest gegeben.

»Schon gut, ich will euch nur besuchen«, sagte ich, als Dot an die Tür kam. »Sag dem alten Mistkerl, dass ich nicht bleibe.«

Sie ließ mich rein, sagte mir, dass sie sich freue, mich zu sehen, und erkundigte sich, was ich so trieb. Gerry ließ mich links liegen – fast. Ich setzte eine tapfere Miene auf, erzählte ihnen von meinem Job in Jimmys Möbelladen und beteuerte, dass ich ein Dach über dem Kopf hätte. Mit Details hielt ich mich nicht lange auf und verschwieg, dass sich das Dach jeden Tag änderte und ich keineswegs eine feste Bleibe hatte.

»Ich bin froh, dass du was machst«, sagte Dot. »Ich hab übrigens dein Zimmer leergeräumt. Ich hab nichts aufgehoben, die

Ein Tag auf der High Street.
George mit seinem Becher und ich beim Zeichnen.

Notiz, die George für die Passanten auf dem Blumenmarkt in der Columbia Road verfasst hat.
Er hat eine echt schöne Handschrift, oder?

Links: Meine erste richtige Zeichnung von George, auf die ich wirklich stolz bin.

Rechts oben: Shoreditch von oben. Die Zeichnung entstand auf dem Dach des Broadgate Tower.

Rechts unten: George vor der Collab der Broken Fingaz Crew.

Meine Huldigung an Stik. Zeichnung der Rivington Street mit einer seiner Arbeiten an der Fassade.

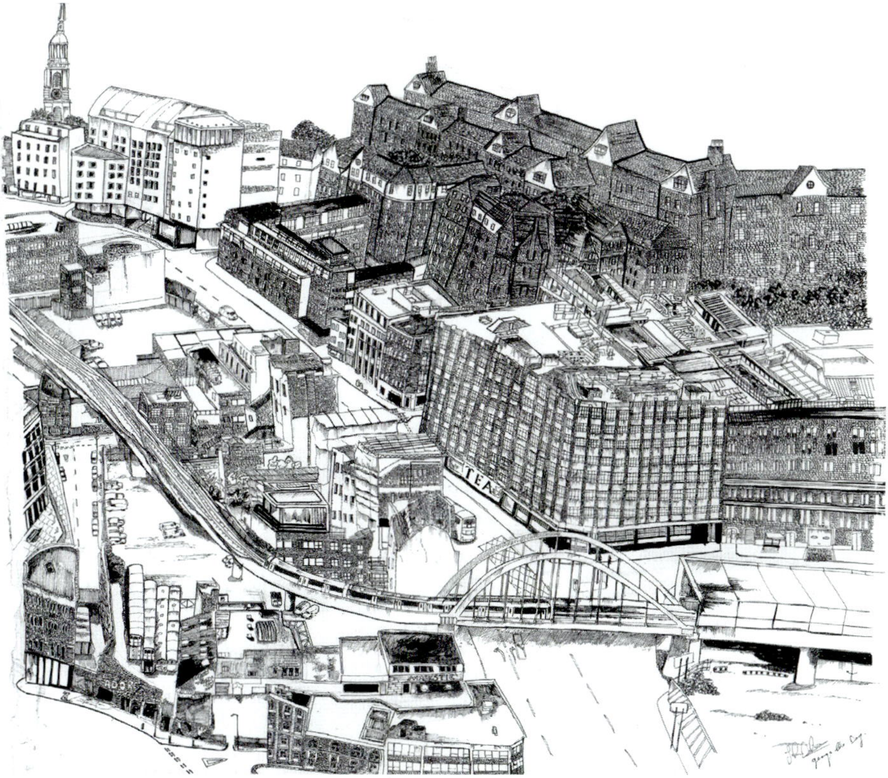
TEA

Unterwegs zum Büro. Die Tafel diente als Zeichenunterlage.

Ausschnitt aus der Collab von Thierry Noir und ROA.

Collab von Sever.

Collab von Rowdy.

Collab von Cityzen Kane.

Collab von Stik.

George beim Bewachen unschätzbarer Kunstwerke, bevor die Ausstellung ihre Pforten öffnete.

Die Schlange vor der Galerie kurz vor der Eröffnung.

Die Ausstellung lockte eine Menge Gäste an und wurde ein größerer Erfolg, als ich mir jemals hätte vorstellen können.

Gemeinsam mit Stik und George nehme ich den Applaus entgegen.

Beim Betrachten meiner Arbeit in bester Künstlerpose.

Sachen würden dir sowieso nicht mehr passen. Willst du es mal sehen?« Ich hatte nichts dagegen. Warum auch? Auch wenn Dot etwas aufbewahrt hätte, was ich noch haben wollte – Kindheitszeichnungen zum Beispiel –, wäre ich mit dem alten Zeugs im Rucksack kaum durch London gezogen.

Der Gesundheitszustand von Mum und auch von Dad hatte sich zu der Zeit sehr verschlechtert. Das war ein weiterer Grund, warum ich sie wenigstens ab und zu sehen wollte. Bei Dot war schon einige Jahre zuvor Krebs diagnostiziert worden. Sie hatte die Krankheit von Anfang an heruntergespielt und lange Zeit auch kaum Symptome gezeigt. Sie litt, wie es familienintern hieß, an Problemen »im unteren Stockwerk«, an Eierstockkrebs. Sie hatte sich selten darüber ausgelassen und nie über ihre Behandlung gesprochen; vielleicht war ich auch nur zu jung gewesen, um zu kapieren, was sie in der ganzen Zeit durchmachte. Jetzt aber war sie ständig im Krankenhaus und sah zum ersten Mal richtig krank aus. Ihr Gesicht war eingefallen, und sie war, seitdem ich sie das letzte Mal gesehen hatte, stark abgemagert. Ich machte mir große Sorgen.

»Wie geht's dir?«, fragte ich.

»Nicht schlecht«, antwortete sie. »Aber auch nicht gut, John.« Sie sah mir in die Augen, um sich zu vergewissern, dass ich die Botschaft verstanden hatte. Mehr sagte sie nicht. Es war nicht zu übersehen, wie ernst ihr Zustand war.

Auch Gerry befand sich in keiner guten Verfassung. Er litt an Asthma und hatte wegen der Atemprobleme seinen Job aufgeben müssen. Er war zu diesem Zeitpunkt erst Anfang fünfzig, aber von da an saß er nur noch zu Hause rum und vegetierte vor sich hin. Gelegentlich genehmigte er sich eine Flasche Cider oder eine Dose Guinness, meistens saß er nur auf dem Sofa vor der Glotze und schüttete kannenweise Tee oder Literflaschen Coke oder Limonade in sich hinein. Die Wohnung verließ er eigentlich nur noch für die Arztbesuche, und da er auch mit Butch nicht Gassi ging, gab es im Grunde niemanden mehr, der sich um den Hund kümmerte. Gerry gehörte zu den Männern, die nur dann zum Arzt gehen, wenn es absolut unvermeidbar ist. David traf ihn eines Tages in einem so schlimmen Zustand an, hustend und keuchend, dass er den Notarzt rief. Es stellte sich heraus, dass eine von Gerrys Nieren geschädigt war. Die Dialysebehandlung, der er sich daraufhin unterziehen musste, machte ihn noch mürrischer und bärbeißiger. Seinem Blick war der Groll anzusehen, den er gegen mich hegte.

»Wir brauchen nicht noch mehr Probleme«, warnte er mich an diesem Tag.

Ich blieb nicht lange. Da es ein milder Abend war, setzte ich mich noch auf eine Bank im King Square Park. Ich blickte mich um, und ich erinnerte mich an den Spielbus und wie wir hier immer Fangen oder Verstecken gespielt hatten, aber das alles schien mir eine Ewigkeit her zu sein. Ich war jetzt erwachsen, lebte in der wirklichen Welt und musste feststellen, wie verdammt hart das Leben sein konnte.

Mir fehlte die Energie oder Motivation, um zu meinem B&B zurückzukehren, also rollte ich mich auf der Bank zusammen, legte mir die Jacke unter den Kopf und schlief schließlich ein. Es war nicht besonders bequem, aber es war eine klare Nacht, und ich hatte wenigstens einen freien Blick auf die Sterne. Am besten aber war: Es gab nicht irgendeinen giftigen Drachen, der mir auf die Nerven ging, oder einen stinkenden Alten, der im Bett neben mir laut vor sich hin schnarchte.

Am nächsten Morgen war mir alle Lust auf das B&B vergangen. Ich kam zu dem Schluss, dass das Schlafen im Freien die bessere Option war. Allerdings wollte ich dazu nicht in meiner alten Umgebung bleiben. Meine früheren Freunde sollten mich nicht in diesem Zustand zu sehen kriegen. Ich hatte im Gefängnis gesessen, während sie Arbeit gefunden oder mit ihrer Freundin eine Wohnung bezogen hatten, und jetzt war ich obdachlos. Es war mir peinlich, und abgesehen von allem anderen glaubte ich auch nicht, dass ich wieder Kontakt zu ihnen aufbauen konnte. Unsere Leben hatten sich zu sehr auseinanderentwickelt. Aus den gleichen Gründen hielt ich mich auch von Jackie, Malcolm und David fern. In ihren Augen war ich der missratene kleine Bruder, also wollte ich mich erst wieder bei ihnen melden, wenn ich auf eigenen Beinen stand und etwas hatte, worauf ich stolz sein konnte. Ich glaubte, das würde nicht mehr lange dauern.

Also begab ich mich an dem Tag auf Erkundungstour und suchte einen Schlafplatz, wo mich keiner sehen oder finden würde. Schließlich stieß ich auf den perfekten Unterschlupf. Am hinteren Ende einer Wohnsiedlung in der Commercial Street stand ein alter, stillgelegter Volvo-Kombi. Ich brach den Wagen auf und verbrachte darin die Nacht.

Wie auf der Parkbank war ich froh, mich nicht mehr mit den Zimmerwirten der B&Bs rumschlagen zu müssen. Der Nachteil war, dass es kein Frühstück gab. Am nächsten Morgen klaute ich ein Sandwich bei Safeway, bald darauf stand ich morgens früh auf und schaute mich um, ob ich nicht irgendwo Lebensmittel stehlen konnte, die für die örtlichen Geschäfte angeliefert wurden.

An der Euston Road in der Nähe des Shaw Theatre lag eine Fabrik. Ich bekam mit, dass schon im Morgengrauen die Lebensmittel für die Kantine gebracht wurden. Beim Ausladen des Lieferwagens schlich ich mich an, und wenn die Lieferanten mir den Rücken zukehrten, stahl ich einen halben Liter Milch und ein paar Croissants. Nach einer Weile wurden mir solche Gelegenheitsdiebstähle zur Gewohnheit. Als meine Schuhe kaputt

Fünf-Sterne-Service im Volvo-Kombi. Schön wär's!

gingen, marschierte ich in der Oxford Street in einen Marks & Spencer und probierte ein nagelneues Paar an. Es war der einzige Laden, den ich kannte, der sowohl den linken als auch den rechten Schuh ausliegen hatte. In den neuen Schuhen verließ ich das Geschäft und ließ meine alten Turnschuhe zurück. Das Gleiche zog ich bei Gap mit Pullover und Jacken ab, setzte mich dann in einen McDonald's und kaufte mir von den paar Kröten, die ich von der Arbeit für Jimmy Dolan noch in der Tasche hatte, einen Tee. Ich blieb so lange wie möglich, bis mir die Belegschaft mit bösen Blicken deutlich zu verstehen gab, dass meine Anwesenheit nicht mehr erwünscht war.

Einige Monate schlief ich im Volvo, bis es Winter wurde und ich fürchten musste, im Schlaf zu erfrieren. Ich beschaffte mir mehrere Decken und Mäntel und harrte dort aus, solange ich konnte. Verglichen mit den B&Bs war es immer noch der reine Luxus. Es mag komisch klingen, aber ich wollte die Privatsphäre nicht aufgeben, die mir der Wagen bot. Mittlerweile hatte ich am Bahnhof King's Cross – dorthin ging ich, wenn ich mich einsam fühlte – andere Obdachlose kennengelernt. Es war immer tröstlich, unter Leuten zu sein, die sich in einer ähnlichen Lage befanden. Ich hielt mich in einem Café gegenüber King's Cross auf, als plötzlich um den Bahnhof herum Jubel ausbrach.

»Was ist da los?«, fragte ich den Obdachlosen, der bei mir saß.

»Keine Ahnung. Finden wir's raus.«

Es war der 23. November 1990. Als wir hinausliefen, sagte man uns, dass Maggie Thatcher zurückgetreten sei. Ich sah keinen einzigen Obdachlosen, der an diesem Tag nicht gefeiert hätte. Wir alle verachteten die Eiserne Lady. Für uns Glücklose war sie jemand, der von den Armen nahm und den Reichen gab. Wir waren alle froh, sie nicht mehr sehen zu müssen.

Gelegentlich arbeitete ich nach wie vor für Jimmy, aber das

reichte bei Weitem nicht, um meinen Lebensunterhalt zu bestreiten. Es blieb mir keine andere Wahl, ich musste Sozialhilfe beantragen. Das tat weh. Es war der Tiefpunkt in meinem Leben. Damit gestand ich mir und anderen meine Niederlage ein und dass ich nicht auf eigenen Beinen stehen konnte. Ich kam aus einer echten Arbeiterfamilie, und Hilfe vom Staat anzunehmen war das Letzte, was ich jemals gewollt hatte.

Ein anderer Obdachloser erzählte mir vom Hostel in der Dock Street unten an der Tower Bridge, und nachdem es im Winter im Volvo immer kälter wurde, wollte ich es dort mal probieren. Es ging dort rau zu, vermutlich war es aber nicht so schlimm wie in den B&Bs in der Nähe von King's Cross. Es war ein verdammt großes, unheimliches Gebäude, hatte an die dreihundert Zimmer für Männer und Frauen und war etwa achtzig Jahre lang – solange die Docks noch in Betrieb gewesen waren – von Seeleuten genutzt worden. Es gab zwei Fernsehzimmer, ein Spielzimmer mit einem richtigen Snooker-Tisch, der jedes Mal, nachdem er wieder repariert war, von Neuem mit einem Messer aufgeschlitzt wurde; und dann war da noch ein riesiger Speiseraum, Schauplatz von unzähligen Auseinandersetzungen zwischen den Gästen und manchmal auch zwischen dem Personal.

Ich lernte dort gute und seltsame Leute und Verrückte kennen. Es gab einen Afrikaner namens Prince, der allen erzählte, er sei ein echter Prinz und werde nach der Rückkehr in seine Heimat König seines Volkes oder seines Stammes sein. Und ich erinnere mich an den Chefkoch, Jeff der Chef, wie wir ihn nannten, der ganz offensichtlich ein Toupet hatte, über das wir uns alle königlich amüsierten.

Dort lernte ich auch Legsy kennen, einen aufgekratzten, unheimlich unterhaltsamen Typen, in dessen Gesellschaft man sich wohlfühlte. Er erzählte mir, er wohne mit seiner Mutter in der Commercial Road, hing aber gern im Hostel rum. Und ich bekam schnell mit, dass Legsy für jemanden, der angeblich keinen Job hatte, über ein verdammt hohes Einkommen verfügen musste.

»Wie stellst du das an?«, fragte ich ihn, nachdem ich ihn etwas besser kannte.

»Ich breche in Läden ein«, sagte er augenzwinkernd.

»Das ist nicht dein Ernst, oder?«

»Doch. Ich würde nie in Wohnungen einsteigen. Keinen Bock drauf. Aber Läden und Cafés – keine große Summen, trotzdem kommt was dabei zusammen. Wenn es gut läuft, mach ich dreitausend in einer Nacht.«

Legsy war allzeit für eine tolle Geschichte gut, daher dachte ich im ersten Moment, dass er bloß angeben wollte. Aber es war nicht zu leugnen, dass er immer gut bei Kasse war. Das Hostel jedenfalls war voll mit Leuten wie mir, deren Leben richtungslos dahintrieb. Neunundneunzig Prozent waren arbeitslos, viele davon wegen Alkohol-, Drogen- oder psychischen Problemen. Man fühlte sich nicht so unwillkommen wie in manchen Häusern um King's Cross, trotzdem war es alles andere als ein angenehmer Aufenthaltsort.

13

»Mrs. Ryan, kommen Sie auf den Knien und mit erhobenen Händen an die Tür!«

Das geschah kurz nach fünf Uhr morgens am 15. Dezember 1991, zwei Jahre nach meiner Verhaftung wegen der gefälschten Sparbuchunterschriften. Dot war allein in der Wohnung im President House, da Gerry wegen Nierenversagens ins Krankenhaus eingeliefert worden war.

»Wer ist da? Was ist los?«, rief sie. Sie war durch lautes Pochen an der Tür geweckt worden und noch ganz schlaftrunken.

»Die Polizei. Wir müssen mit Ihnen reden. Ich wiederhole, Mrs. Ryan, kommen Sie auf den Knien und mit erhobenen Händen an die Tür.«

»Das geht nicht«, antwortete Dot. »Ich habe Krebs. Ich habe große Schmerzen.«

Eine Pause, dann schrie der Polizist: »Gut, Mrs. Ryan, machen Sie alle Lichter an und öffnen Sie die Tür!«

Sie öffnete die »Haustür«. Draußen war es eiskalt. Zwei bewaffnete Polizisten standen vor ihr am Ende des Gangs. Einer war auf ein Knie gegangen und richtete eine Handfeuerwaffe auf Dot, der andere stand dahinter und hatte eine ebenfalls auf Dot gerichtete Maschinenpistole in der Hand.

»Was zum Teufel …?« Ängstlich und erschreckt blickte sich Dot um und trat hinaus, um zu sehen, was los war. Das war ein großer Fehler. Kaum war sie draußen, fiel die Tür hinter ihr zu, und die beiden Polizisten ließen sie nicht mehr hinein. Sie sagten, sie müssten die Wohnung durchsuchen, warteten aber noch auf den Durchsuchungsbeschluss von Scotland Yard. Solange zwangen sie Dot, draußen in der Kälte zu bleiben, bis sie bis auf die Knochen durchgefroren war. Als klar war, dass sie keine unmittelbare Gefahr darstellte, steckten die Polizisten zwar ihre Waffen weg, trotzdem blieb die Situation unheimlich angespannt.

»Kann ich nicht rein und mir was Wärmeres zum Anziehen holen?«, flehte Dot sie an.

»Leider nein.«

»Können Sie mir nicht was Wärmeres rausbringen? Ich hol mir noch den Tod!«

»Nein, Sie müssen hier warten, bis wir unsere Arbeit gemacht haben.«

»Was suchen Sie denn?«

»Das darf ich Ihnen nicht sagen.«

»Hat es irgendwas mit meinem Sohn John zu tun?«

»Auch das kann ich Ihnen nicht sagen.«

Es dauerte eine geschlagene Stunde, bis die Polizisten die Erlaubnis für die Wohnungsdurchsuchung erhielten. Bevor sie reingingen, sagte Dot ihnen, dass Butch allein in der Wohnung und schon ein alter Hund sei.

»Tun Sie bitte dem Hund nichts«, bat sie.

Die Polizisten brauchten fünf Minuten, um die Wohnung zu durchsuchen und festzustellen, dass ich nicht da war. Ja – sie hatten es auf mich abgesehen. Wie immer.

Nachdem sie fort waren, brach Dot fix und fertig auf dem Bett zusammen, sie war vollkommen ausgekühlt und hielt sich vor

Schmerzen den Bauch. Später stellte sich heraus, dass in Smithfield auf einen Zeitungshändler ein bewaffneter Raubüberfall verübt worden war. Der Angestellte hinter dem Ladentisch hatte einen Schlag mit einer Pistole abbekommen, und die Polizei vermutete, dass ich daran beteiligt gewesen war. Angeblich hatten Polizeihunde meine Spur aufgenommen, die bis zur Wohnung geführt habe. Die einzige »Waffe«, die sie jedoch fanden, war eine Derringer-Startschusspistole, die ich seit meiner Kindheit hatte. Sie hatte so lange auf dem Gefrierschrank gelegen, dass sie von einer dicken Staubschicht bedeckt war.

Bei unserem letzten Treffen hatte ich Dot eine Telefonnummer gegeben, unter der sie mich in Notfällen erreichen konnte. So erfuhr ich davon, was in dieser Nacht im President House passiert war.

»Lass dich hier nicht mehr blicken«, sagte mir Dot. Sie war wütend, und selbst am Telefon spürte ich, dass sie den Tränen nahe war.

»Wie du meinst«, versprach ich. »Ich mache, was du sagst. Es tut mir so leid, Mum.«

Zwei Tage später musste Dot wegen der Schmerzen ins Krankenhaus. Auch Wochen später, über die Weihnachtsfeiertage, lagen sie und Gerry im Krankenhaus. Damals fürchtete ich, dass Gerry, der mittlerweile ununterbrochen am Dialysegerät hing, es nicht mehr lange machen würde.

Wenn ich gedacht hatte, mein Ruf in der Familie könnte nicht mehr schlechter werden, so sollte ich mich täuschen. Mittlerweile war ich nicht nur bei Gerry und Dot unten durch, sondern auch bei meinen Geschwistern. Malcolm und David waren stinksauer und wollten nichts mehr mit mir zu tun haben, und sogar Jackie fand kein gutes Wort mehr für mich.

Gegen Neujahr teilte Dots Arzt der Familie mit, dass sie höchstwahrscheinlich nicht mehr nach Hause kommen werde.

Ihr Krebs war aggressiver geworden, mit ihrer Gesundheit ging es rapide bergab. Als ich sie das letzte Mal sah, musste ich mich sehr zusammennehmen. Sie sah so gebrechlich aus. Von der lebhaften, munteren Frau, mit der ich aufgewachsen war, war nichts mehr zu spüren. Einer ihrer letzten Sätze zu mir lautete: »John, du musst wieder nach Hause und dich um deinen Dad kümmern.« Bis zu ihrem Ende dachte sie an die anderen. Zwei Tage später starb sie. Sie war zweiundfünfzig Jahre alt.

Ihr Begräbnis war unbeschreiblich. Dreihundert Trauergäste drängten sich in die Kirche, darunter Freunde und Kollegen von sämtlichen Arbeitsstellen, dazu Nachbarn und Leute vom King Square. Alle sprachen nur Gutes über sie.

Kurz darauf zog ich wieder in der Wohnung ein. Schon vor Dots Tod, und solange Gerry im Krankenhaus war, hatte ich kurz dort gewohnt, um mich um Butch zu kümmern. Es war seltsam, allein in der Wohnung zu sein, vor mir der Sessel, in dem Dot immer gesessen hatte, während ihre Schürze noch am Haken in der Küche hing. Ich genoss die Spaziergänge mit Butch in der vertrauten Umgebung, im Grunde aber wollte ich hier nicht mehr sein.

Gerry wusste von Dots Wunsch, dass ich wieder einziehen und mich um ihn kümmern sollte. Ebenfalls wusste er, dass er auf Hilfe angewiesen war und allein nicht mehr zurechtkam. Die Alternative wäre ein Altersheim gewesen, aber dazu war er zu stolz. Ich dachte, es wäre nicht schwer, mich um ihn zu kümmern. Auch da täuschte ich mich.

Nach Dots Tod hatte Gerry mit dem Leben abgeschlossen. Ihr Tod musste ihn hart getroffen haben. Sie hatten zwar manchmal wochenlang nicht mehr miteinander geredet, trotzdem war ihre Beziehung ungeheuer eng, und sie waren auf die Gesellschaft des jeweils anderen angewiesen. Dot fehlte Gerry ganz schrecklich.

Nach ihrem Tod saß er nur noch zu Hause herum, las die Zeitung und füllte Kreuzworträtsel aus. Danach sah er fern, las ein bisschen und nickte ein. In den zurückliegenden zwanzig Jahren hatte Dot alles für ihn getan – sie war einkaufen gegangen, hatte gekocht, hatte die Hausarbeit erledigt –, und das alles erbte ich jetzt von ihr. Aber nichts, was ich tat, passte ihm, und jeden Tag gab er mir zu verstehen, wie wenig ihm meine Anwesenheit behagte.

»Was machst du hier, du fauler Sack?«, war das Erste, was ich am Morgen hörte.

»Warum pennst du, du fauler Sack?«, bekam ich zu hören, wenn ich es wagte, mich zu einem kleinen Nickerchen auf dem Sofa auszustrecken.

»Was ist das für ein Scheiß?«, sagte er, egal was ich ihm brachte. »Verdammter Nichtsnutz! Kannst noch nicht mal einen anständigen Tee machen.«

Es war anstrengend und demütigend, aber nach Dots Tod wollte ich nicht auch noch die Beziehung zu Gerry verlieren, also hielt ich durch, solange es ging. »Warum kommst du nicht zu einem Spaziergang mit?«, fragte ich. »Gassigehen mit Butch?«

Butch war mittlerweile zehn oder elf Jahre alt und nicht mehr der Flotteste.

»Wir lassen es langsam angehen. Nur auf eine Runde um den Block.«

»Nein, da bekomme ich nur Panikattacken.«

»In dem Fall drehen wir sofort um.«

»Was, wenn ich ohnmächtig werde?«

»Du wirst nicht ohnmächtig. Ich pass auf dich auf.«

»Du würdest doch gar nicht wissen, was du zu machen hast! Du Nichtsnutz! Jetzt scher dich zum Teufel und lass mich in Ruhe. Ich komm nicht mit.«

Frische Luft bekam er nur, wenn er ans offene Fenster trat. Je mehr er nur noch herumsaß und Trübsal blies, desto schlimmer wurde es mit seiner Gesundheit, und desto verbitterter und ekelhafter wurde er. Malcolm, David und Jackie kamen gelegentlich vorbei, brachten ihre Kinder mit, und Gerry sagte ihnen dann, was für ein verdammter, erbärmlicher Stümper ich sei. Malcolm hatte in der Zwischenzeit geheiratet und war Vater von zwei Töchtern, Angel und Jessie, sowie einem Sohn, Jack. Auch David war verheiratet und hatte eine Tochter, Vicky, und zwei Jungen, Joe und John. Jackie hatte zwei Mädchen, Natalie und Emily.

Malcolm und David rafften sich bei ihren Besuchen mir gegenüber höchstens zu einer Begrüßung auf. Ich nehme es ihnen nicht übel. Es war für sie nicht leicht, mir zu verzeihen, nach allem, was meinetwegen mit Dot passiert war. Ich war einfach das schwarze Schaf der Familie. Wenn sie kamen, verzog ich mich meistens in mein Zimmer. Es war für alle einfacher, wenn ich mich nicht blicken ließ.

Ich schlug mich nach wie vor mit Einbrüchen und Ladendiebstählen durch. Gerry wusste mittlerweile Bescheid. Es war auch nicht sonderlich schwer zu erraten, nachdem sich die ganze Wohnung mit Schuhen und Kleidung füllte. Hin und wieder stellte er Fragen, als würde es ihn wirklich interessieren, im Grunde aber war er unberechenbar. Ich wusste nie, ob ihm gefiel, was ich erzählte – was manchmal der Fall war –, oder ob er nur wieder auf mich losgehen und mich als »dreckigen kleinen Dieb« beschimpfen würde.

Bald ergaben sich Gelegenheiten, größere »Jobs« abzuziehen, besonders durch meine Verbindung zu Legsy, dem Typen, den ich im Hostel in der Dock Street kennengelernt hatte. Wir verbrachten inzwischen viel Zeit zusammen und begingen Einbrüche, bei denen manchmal bis zu 5000 Pfund heraussprangen. Wir stiegen in Restaurants ein, bei Schneidern, in Lagerhallen;

überall, wo die Alarmanlagen leicht lahmzulegen waren und niemand verletzt werden konnte – von uns einmal abgesehen. Es war fast schon lächerlich einfach und hatte sich zu einer richtigen Sucht ausgewachsen. Die Anspannung, das ausgeschüttete Adrenalin sind wie eine Droge – sie sind gefährlich und der Gesundheit abträglich. Die Einbrüche waren für mich gleichbedeutend mit der Lizenz zum Gelddrucken, im Nachhinein wurde mir aber klar, dass ich hätte aufhören sollen, als es noch möglich war.

Schließlich, als wir in einen Dunkin' Donuts in der Nähe der U-Bahn-Station Embankment einsteigen wollten, wurden Legsy und ich geschnappt. Ein Wachmann im gegenüberliegenden Gebäude sah uns durch das Fenster und rief die Polizei. Wir bekamen das alles erst mit, als das Blaulicht des Streifenwagens in den ansonsten stockdunklen Laden fiel.

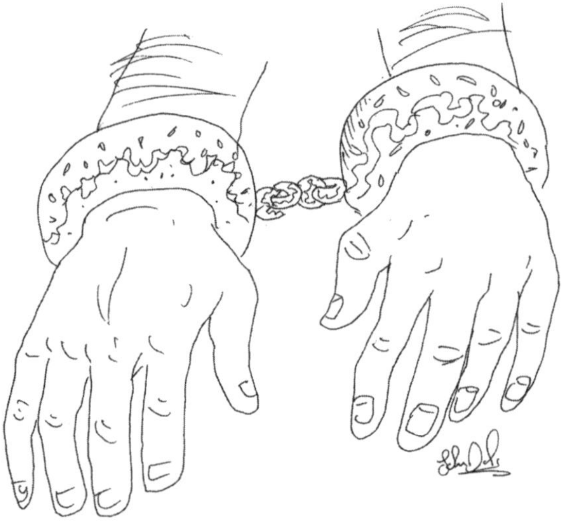

Ein toller Donut!

Legsy hatte mir immer eingebläut, auf keinen Fall Widerstand zu leisten, wenn wir gefasst werden sollten. Ich solle meine Hände im Nacken verschränken oder sie brav ausstrecken, wenn die Polizei mir Handschellen anlegen wollte.

»Zeige Respekt«, hatte Legsy gesagt. »Wenn du keinen Scheiß baust, kommst du auf Kaution wieder frei. Ladeneinbrüche interessieren die Bullen einen Dreck. Es sei denn, du machst bei der Verhaftung Zicken.«

Ich verhielt mich genauso, wie Legsy es mir gesagt hatte. Denn ich wollte auf keinen Fall wieder ins Gefängnis.

14

Für den größten Teil meines Lebens zwischen zwanzig und dreißig wurde das Pentonville-Gefängnis zu meinem Zuhause. Nach dem Einbruch bei Dunkin' Donuts saß ich dort in Haft und geriet in eine Spirale der Kriminalität. Ich saß drei Monate ein, kam raus, machte den nächsten Bruch, wurde geschnappt, saß wieder ein. Ein Kreislauf, aus dem ich keinen Ausweg fand.

Bei jedem Aufenthalt gab ich meine Würde an der Tür ab und unterzog mich der erniedrigenden Prozedur, Kleidung und Besitztümer auszuhändigen. Wurde ich dann in meine Zelle gebracht, überfiel mich das gleiche erbärmliche Gefühl, das ich als verängstigter Achtzehnjähriger in Feltham empfunden hatte. Es war, als würde ich in einen Albtraum geraten, von dem ich verdammt genau wusste, dass er so schnell nicht enden würde.

Dabei war es noch nicht mal Habgier oder das Verlangen nach den schönen Dingen im Leben, die mich zu den Einbrüchen getrieben hatten. Sie gehörten mittlerweile einfach zu meinem Leben. Sonst brachte ich nämlich wenig auf die Reihe. Ich kümmerte mich nach wie vor um Gerry, der nach Dots Tod unter Einsamkeit litt und so voller Groll war wie eh und je. Erträglich wurde das alles nur, wenn ich mit Legsy zu unseren nächtlichen Beutezügen loszog. Ich brauchte die Erregung, ich sprühte vor

Energie, wenn ich mich in einem Café oder einem Laden auf die Suche nach dem Geld oder Safeschlüssel machte. Ich liebte den Thrill und natürlich den Gedanken, der Polizei eins auszuwischen. Es ging mir nie ums Geld.

Pentonville lag in der Caledonian Road, kurz Cally genannt, nicht weit von der Gegend entfernt, in der ich aufgewachsen war. Die Anstalt war berüchtigt dafür, dass Kriminelle jeder Art einsaßen, auch Mörder und Vergewaltiger. Wahrscheinlich gab es kein Verbrechen, das nicht schon mal von einem Insassen des Pentonville begangen worden war.

Mein erster Zellengenosse war ein großer Ire mit so kleinen Füßen, wie ich sie noch nie gesehen hatte. Es gab keinen Fernseher, kein Radio, jeder Tag zog sich scheinbar endlos dahin. Er lag oben im Etagenbett und ließ seine Stinkemauken direkt vor mein Gesicht baumeln. Am liebsten hätte ich mich übergeben, aber noch lieber hätte ich ihm eine reinhauen wollen.

Der Tagesablauf war zehrend, was wahrscheinlich beabsichtigt war, damit wir genügend Zeit hatten, um über unsere Taten nachzudenken. Um 8.30 Uhr wurde die Zellentür für zwanzig Minuten aufgesperrt, dann konnte man durch den Gang schlendern, Kippen schnorren oder mit anderen Häftlingen Zeitschriften tauschen. Um neun Uhr wurde man, wenn man zufällig einem sogenannten »Arbeitskommando« zugeteilt war, in die Gefängniswerkstatt geschickt, wo frustrierend öde Tätigkeiten auf einen warteten, zum Beispiel das Aufstecken der Schaumstoffteile auf Ohrhörern, wie man sie in Flugzeugen ausgeteilt bekommt. Neben der Arbeit konnte man sich auch weiterbilden, wenn es eine freie Stelle in einem der Kurse wie Mathematik oder Informatik gab. Die Werkstatt wurde zu meiner Rettung. Ich meldete mich für jede Tätigkeit, die angeboten wurde. Erst im Gefängnis lernte ich so banale Dinge wie das Fenster in Gerrys Wohnung zu schätzen, das man jederzeit öffnen konnte,

Insassen beim Rundgang im Hof des Pentonville-Gefängnisses.

um Frischluft hereinzulassen. Hier drinnen gab es solchen Luxus nicht. Ich saß fest.

Ich beschloss, mein Leben auf die Reihe zu kriegen. Ich hörte mit dem Marihuana auf, das ich seit dem letzten Gefängnisaufenthalt nahezu täglich rauchte, und versuchte, den Zigarettenkonsum einzuschränken. Ich rauchte viel zu viel, mindestens zwanzig Kippen am Tag. Gerry schickte mir zehn Pfund pro Woche, solange ich im Knast saß. An Besuche war nicht zu denken, was mich nicht überraschte, aber ich wusste die Geste zu schätzen. Er musste sehr mit sich gerungen haben, nachdem er mich so sehr verabscheute.

»Ich hab ja immer gesagt, du taugst zu nichts«, knurrte er, als er erfuhr, dass ich wieder einrücken würde. »Du nutzloses Stück Dreck. Wie soll ich jetzt zurechtkommen? Daran hast du keinen Gedanken verschwendet, was?«

Stimmt, daran hatte ich nicht gedacht, weil ich natürlich keinen Gedanken daran verschwendet hatte, wieder im Gefängnis zu landen. Von der Familie aber wollte nun, nachdem ich Gerry im Stich ließ, endgültig niemand mehr etwas mit mir zu tun haben.

Eines Tages wurden zwei neue Zeichenbretter in unsere Zelle geliefert. Ich hatte zu diesem Zeitpunkt seit fünf Jahren keinen Stift mehr in die Hand genommen, das Zeichnen war mir nicht mehr wichtig gewesen, nach allem, was in meinem Leben sonst so abging – Obdachlosigkeit, Dots Tod, Gerrys ständige Beschimpfungen. Außerdem wird einem im Gefängnis jede Kreativität ausgetrieben. An diesem Tag aber war ich ein bisschen besser drauf als sonst, ich griff mir also einen Stift und begann zu zeichnen. Ich hatte nichts Bestimmtes im Sinn, der Stift lag gut in der Hand, und die Erinnerungen an meine früheren Comic-Zeichnungen kehrten zurück. Ich war wie auf Autopilot, und nach einigen Minuten nahm auf dem Papier etwas Gestalt an. Ich machte weiter, versank völlig in meiner Tätigkeit, und in weniger als einer Viertelstunde hatte ich meine erste Zeichnung seit fünf Jahren fertig: ein Faustkampf aus dem 19. Jahrhundert. Als Inspiration hatte mir eine alte Druckgrafik gedient, die ich zwei Tage zuvor in einem der Bücher aus der Bibliothek gesehen hatte: *Gin Lane* von William Hogarth. Meine Zeichnung zeigte zwei Faustkämpfer, und genauso fühlte ich mich auch. Das Leben war nichts anderes als ein großer Boxkampf, und momentan sah es so aus, als würde ich ihn verlieren. Aber immerhin waren ja noch ein paar Runden zu gehen.

Ein Wärter, ein Mr. O'Brien, der an dem Tag zufällig an meiner Zelle vorbeiging, fiel die Zeichnung auf. Er kam herein, trat an den Tisch und besah sich das Bild. »Das gefällt mir gut«, sagte er bewundernd. »Eine wirklich gute Zeichnung.«

Seine Reaktion traf mich völlig unvorbereitet. »Danke«, antwortete ich. »Ich hab seit Jahren nichts mehr gemacht.«

Wieder betrachtete er das Bild, ein Lächeln breitete sich auf seinem Gesicht aus, und ich sah, dass ihm die Arbeit wirklich gefiel.

»Behalten Sie sie«, sagte ich. »Eines Tages wird sie viel wert sein!«

Als er die Zelle verließ, blieb die Zeichnung auf dem Tisch liegen, aber meinen Kommentar habe ich nie vergessen. Meine Leidenschaft war wieder erwacht. Vielleicht könnte ich eines Tages doch noch ein Künstler werden.

Dieser Tag aber lag noch in weiter Ferne; es gab andere, dringendere Dinge in meinem Leben. Als Erstes galt es, das Gefängnis zu überstehen, dann rauszukommen, schließlich – der heikelste Punkt – zu vermeiden, wieder verhaftet zu werden. Das waren die einzigen Ziele, die ich in meinem Leben damals hatte.

Von harten Drogen hatte ich so gut wie keine Ahnung, bis ich in eine Zelle mit einem Junkie kam. Er hieß Tommy. Wurde jemand wie er ins Gefängnis eingeliefert, war er zunächst auf Cold Turkey; damals gab es in Pentonville keine Entzugsabteilung. Tommy und ich kamen ins Gespräch, und so wie er schwitzte und am ganzen Leib zitterte, begriff ich schnell, dass er seit einiger Zeit keinen Stoff mehr bekommen hatte.

»Hör zu, kannst du mir helfen, hier rauszukommen?«, flehte er mich an.

Ich hätte alles getan, nur um nicht mit ansehen zu müssen, wie er litt.

»Was soll ich machen?«

»Ritzt du mich auf?«, fragte er.

»Was meinst du?«, erwiderte ich.

»Wenn du mir das Handgelenk aufritzt, werde ich auf die Krankenstation verlegt.«

»Du kannst dir auch selber deine verdammten Handgelenke aufritzen.«

»Nein, allein schaff ich das nicht.«

»Warum nicht?«, fragte ich. »Warum soll ich das machen?«

Er drückte mir seine Rasierklinge in die Hand und ließ nicht locker.

»Gut«, sagte ich schließlich. »Aber ich mach keinen tiefen Schnitt. Halt still und hampel nicht rum.«

Er hielt mir den Arm hin und sah weg, während ich zu einem langen, flachen Schnitt ansetzte. Er sollte übel bluten, damit er verlegt würde, aber ich wollte ihn auf keinen Fall ernsthaft verletzen. Ich zog ihm also die Rasierklinge der Länge nach vom Ellbogen hinunter zum Handgelenk und achtete darauf, keine Venen zu durchtrennen. Ich übte kaum Druck aus, plötzlich aber klappte seine Haut auf wie ein Konservendeckel unter einem Dosenöffner. Der ganze Arm war praktisch bis auf den Knochen aufgeschlitzt.

Entsetzt schrien wir beide auf, und vor lauter Panik schnitt ich mir auch noch selbst in die Hand. Das Blut floss bei mir viel heftiger als bei Tommy. Sein Arm sah aus wie ein Stück Fleisch beim Metzger, aber er blutete kaum.

Später erfuhr ich, warum sein Körper auf diese Weise reagiert hatte: Er hatte sich so oft einen Schuss gesetzt, dass die Haut unglaublich dünn und porös geworden war. Cold Turkey hin oder her, Tommy sprang jedenfalls durch die Zelle, brüllte wie am Spieß, und ich musste ihm ein Handtuch um den Arm wickeln und ihn beruhigen, bevor ich gegen die Zellentür trommelte und um Hilfe rief.

»Der Idiot hat sich in den Arm geschnitten!«, rief ich, als die Wärter angelaufen kamen.

Weil der Schnitt so tief war, wurde Tommy in ein Krankenhaus außerhalb des Gefängnisses verlegt. Er behauptete, einen Selbstmordversuch unternommen zu haben, und wurde mit fünfzig Stichen genäht. Als er einige Wochen später zurückkam, hatte er einen glasigen Blick und sah aus wie ein Zombie. Die Gefängnisärzte füllten ihn mit heftigen Dosen Valium und Antidepressiva ab. Da es Tommy darum gegangen war, high zu werden, tröstete ich mich mit dem Gedanken, dass ich ihm langfristig vielleicht sogar einen Gefallen getan hatte.

Mein Leben zwischen den einzelnen Haftstrafen verbesserte sich nicht wesentlich. Natürlich genoss ich es, wieder in Freiheit zu sein, die Rückkehr in die Wohnung aber erfüllte mich mit Grauen. Gerrys Gesundheit verschlechterte sich zusehends, seine Aggressivität nahm zu. Bei jeder Rückkehr wusste ich, dass er schlimmer auf mich einhacken würde als beim letzten Mal.

»Was, verdammte Scheiße, willst du hier überhaupt?«, sagte er. »Ich brauch dich nicht, du verpestest bloß die Luft. Verpiss dich!«

Manchmal schlief ich den ganzen Tag und konnte mich nicht

dazu aufraffen, einen Fuß vor die Tür zu setzen. Alle Freunde, mit denen ich aufgewachsen war, waren fort; ich kannte niemanden mehr in der Gegend. Viele waren aus London weggezogen, daneben gab es aber auch einige wie mich, die im Gefängnis gelandet waren.

Mit Butch ging es allmählich zu Ende, und ich wusste, dass ich ihn einschläfern lassen musste. Der Gedanke war unerträglich. Butch war seit meinem zehnten Lebensjahr mein ständiger Begleiter gewesen. Manchmal betrachtete ich ihn, wie ich mittlerweile George betrachte, und stellte mir vor, was ihm durch den Kopf gehen mochte, oder erzählte ihm, was ich mir so dachte.

»Mach dir mal keine Sorgen, er ist eben ein mieser Scheißkerl«, sagte ich zu ihm beim Gassigehen, wenn Gerry mal wieder ausgerastet war. »Aber er meint es nicht so. Er ist ein alter, kranker Mann. Nimm es dir nicht so zu Herzen.«

Butch sah mir in die Augen, und ich redete mir fest ein, dass er mein Verbündeter war – nachdem schon sonst keiner in der Familie meinen Anblick ertragen konnte.

Auch Butch war alt und krank, und irgendwann kam der Zeitpunkt, an dem es das Beste für ihn war, wenn er eingeschläfert wurde. Ich hatte kein Geld für ein Taxi, also traten wir seine letzte Reise in die Hundeklinik in einem Bus an. Ich trug Butch auf den Armen und hatte ihn im Bus auf dem Schoß liegen, und je mehr wir uns der Hundeklinik in Holloway näherten, desto elender fühlte ich mich. Ich musste ständig daran denken, wie es sein würde, wenn ich mit Gerry allein war, und wusste einfach nicht, wie ich ohne Butch zurechtkommen sollte.

In meiner letzten Erinnerung sehe ich, wie der Tierarzt Butch unbeholfen unter den Arm nahm und wegtrug, um ihm die Spritze zu geben. Es war Butch anzumerken, dass er Schmerzen hatte, seine Beine baumelten in der Luft, und er sah mich noch einmal lange an, dann drehte sich der Tierarzt mit ihm um und trat durch die Tür. Ich starrte ihnen hinterher und warf einen letzten Blick auf meinen Freund und Begleiter der vergangenen vierzehn Jahre. Das war das Letzte, was ich von ihm zu sehen bekam. Ich bin überzeugt, er wusste, dass seine letzte Stunde geschlagen hatte; für mich war das alles so schmerzhaft, dass ich es nicht ertragen konnte, bis zum Schluss bei ihm zu bleiben. George, habe ich beschlossen, werde ich diesen Dienst erweisen. Ich hoffe bloß, dass es noch lange nicht so weit ist.

Der Abschied von Butch war einer der traurigsten Tage in meinem Leben. Ich war dafür nicht bereit gewesen. Das Haustier meiner Kindheit war tot, und mit ihm war auch ein kleiner Teil von mir gestorben. Ich war vierundzwanzig Jahre alt, ich war allein, und mir war, als würde es absolut nichts mehr geben, wofür es sich zu leben lohnte.

Einige Tage später verließ ich die Wohnung und suchte die Plätze auf, an denen ich mich gern als Kind aufgehalten hatte. Irgendwann fand ich mich in der Brick Lane wieder, dachte an die Märkte meiner Kindheit und die Geschichten von den Hochstaplern und Betrügern, die mir im Lauf der Jahre untergekommen waren.

»Nichts bleibt so, wie es ist«, dachte ich, während ich durch die vertrauten Straßen schlenderte. Selbst wenn man so wie ich nichts mit seinem Leben anfing, neigte es dazu, irgendwohin zu treiben und sich in Richtungen zu bewegen, die man gar nicht vorhergesehen hatte.

An der Ecke eines Ladens für Babyartikel stand ein Asiate und beobachtete die Passanten. Er verkaufte Drogen, die er in kleinen Tütchen in seiner Backe aufbewahrte. Hatte man sich geeinigt, spuckte er das Tütchen in die Hand. Die Tütchen waren aus Plastikbeuteln gemacht, wie man sie in Haushaltsgeschäften bekam – den mit den roten und blauen Streifen. Die einzelnen Streifen waren zu kleinen roten und blauen Rechtecken zurechtgeschnitten, mit einer gewissen Menge der jeweiligen Droge befüllt und zusammengeknotet. In den roten Tütchen befand sich Crack, in den blauen Heroin.

Der Dealer behielt sie im Mund, damit er sie hinunterschlucken konnte, falls die Polizei auftauchen sollte. Ich hatte so etwas noch nie zuvor gesehen. Ich ging zu dem Typen und fragte ihn: »Was verkaufst du?« Er meinte, er habe an diesem Tag nur Crack – und aus einer Laune heraus kaufte ich ihm zwanzig Tütchen ab. Sie kosteten mich 300 Pfund. Das war alles, was ich besaß.

Bei einem Kumpel hatte ich einmal Koks geschnupft, ich hatte es gemocht, und jetzt meinte ich also, Crack wäre genau das Richtige, um aus meiner Depression zu kommen. Ich dachte keine Sekunde daran, dass ich süchtig werden oder in etwas hineinschlittern könnte, das ich nicht mehr kontrollieren konnte. Es ging mir nur darum, mich nicht mehr so niedergeschlagen zu fühlen. Und es funktionierte: Es machte mich high und vergrößerte den Abstand zur Realität – genau das, was ich wollte.

Drei Monate später, nach einem besonders schlimmen Tag mit Gerry, suchte ich erneut nach dem Typen.

»Hast du immer noch dein Crack?«

»Nein, heute nur Heroin.«

Ich zog ab und war nicht nur enttäuscht, sondern unendlich niedergeschlagen. Warum hatte er nur Heroin? Seit der Episode mit Tommy im Gefängnis hasste ich Heroin. Es bleibt einem doch im Gedächtnis haften, wenn man verzweifelt angefleht wird, jemandem den Arm aufzuschneiden, weil er sonst die Entzugserscheinungen nicht mehr aushält.

Aber jetzt geriet ich ins Schwanken. Ich brauchte eine chemische Aufmunterung. Ich war so down, dass es mir schwerfiel, einen Fuß vor den anderen zu setzen, sogar jeder Atemzug war verdammt harte Arbeit. Die dunklen Gedanken, die mir das

Gehirn vernebelten, flüsterten mir eindringlich zu, für zwanzig Pfund ein Herointütchen zu kaufen.

»Ist ja nur eine winzige Menge«, redete ich mir ein. »Ich rauche nur wenig. Ich hab schon andere Drogen genommen und bin nicht abhängig geworden.« Mit so einem Mist wollte ich die idiotische Entscheidung rechtfertigen.

Ich gab Stoff im Wert von etwa zwei Pfund auf eine Aluminiumfolie, hielt eine Feuerzeugflamme darunter und rauchte es. Von den Drogenabhängigen um King's Cross wusste ich, was zu tun war. Das Puder muss erst harzig werden, und wenn es schließlich flüssig ist, kann man die Dämpfe durch die zu einem Röhrchen zusammengerollte Aluminiumfolie inhalieren. Selbst als ich »den Drachen jagte«, wie das genannt wurde, dachte ich an die damit verbundenen Gefahren, aber ich war so versessen darauf, mich von meiner Depression zu befreien, dass mir alles egal war.

Ich nahm einen Zug. Ein warmes Gefühl strahlte vom Magen aus und tauchte den ganzen Körper in einen wohltuenden Glanz; es war, als würde ich von jemandem so in den Arm genommen, wie ich mein Leben lang nicht in den Arm genommen worden war. Ich wurde ganz anders high als mit Crack. Es fühlte sich entspannter an, gelassener, und ich fand es großartig. Es spielte keine Rolle, dass es eine chemische Umarmung war, und eine gefährliche und süchtig machende noch dazu; es war genau das, was ich gewollt hatte. Zum scheinbar ersten Mal seit Jahren fühlte ich mich ohne die Last der Depression.

Später bildete ich mir mordsmäßig was drauf ein, nur eine geringe Dosis genommen zu haben. Ich würde nicht süchtig werden nach diesem ersten Mal. Ich fühlte mich am nächsten Tag nur ein bisschen lethargisch und hatte leichte Schmerzen, aber sonst war nichts. Das glaubte ich zumindest.

Im Winter 1996 wurde Gerry ernsthaft krank, im Januar 1997 starb er. Am Montag wurde er ins Krankenhaus eingeliefert, und am Sonntag war er tot. Er war achtundfünfzig Jahre alt geworden. Kurz zuvor hatte er jede Kommunikation mit mir eingestellt, und als er ins Krankenhaus kam, hatte er allen in der Familie mitgeteilt, dass er mich nicht mehr sehen möchte.

Als ich ihn im Royal London in Whitechapel besuchen wollte, wurde ich von einer Krankenschwester aufgehalten. Sie wollte mich nicht zu ihm lassen.

»Quatsch«, sagte ich nur, schob mich an ihr vorbei und trat an sein Bett. Gerry, der immer wieder in die Bewusstlosigkeit fiel, musste den von mir verursachten Tumult gehört haben, denn er schlug die Augen auf, sah mich an und knurrte nur: »Was hast du hier zu suchen?«

Bevor ich etwas sagen konnte, erschien hinter mir die Schwester, fasste mich am Ellbogen und drehte mich um. »Gehen Sie, John, Sie sind hier nicht erwünscht.«

Ich widersetzte mich nicht. »Gut, schon verstanden«, erwiderte ich leise. Ich sah noch nicht mal mehr zu Gerry. Das war es – das letzte Mal, dass ich meinen Dad lebend gesehen hatte. Er wurde im Friedhof City of London an der Seite von Dot beerdigt; er hatte sie nur um fünf Jahre überlebt.

Nach Gerrys Tod musste ich aus dem President House ausziehen. Es handelte sich um eine Dreizimmer-Sozialbauwohnung, die nur an Familien vergeben wurde. Ich kann nicht behaupten, dass mich der Auszug sonderlich mitgenommen hätte. Alles hatte sich verändert. Die Erinnerungen an Mum an der Küchenspüle oder an Dad am Fenster kamen mir wie aus einer anderen Welt vor. Meine Kindheitserinnerungen wurden von den Problemen der letzten Jahre überschattet.

Ich bekam eine Einzimmerwohnung im Macclesfield House in

der Lever Street zugewiesen, aber ich schaffte es, mir auch das zu versauen. Ich verlor die Wohnung, nachdem ich mit der Miete in Rückstand geriet und nicht zur Anhörung erschien, weil ich erneut für kurze Zeit in Pentonville einrückte.

Langsam, aber sicher erhöhte sich mein Heroinkonsum. Rauchte ich anfangs nur einmal in drei Monaten, war ich bald bei einmal im Monat angelangt, dann bei einmal in drei Wochen, einmal in zwei Wochen und so fort. Im Alter von achtundzwanzig Jahren war ich bei zweimal am Tag.

Jeder Konsum zielte anfangs darauf ab, wieder in die chemische Umarmung zu sinken, die ich beim ersten Mal als so berauschend empfunden hatte. Aber egal, wie viel oder wie oft ich den Drachen jagte, das Gefühl kam nicht wieder. Das ist das Gefährliche am Heroin. Lange hielt ich mich selbst nicht für abhängig, dabei war ich es vom ersten Mal an. Und bei jedem Mal wollte ich mehr, wollte wieder den warmen Glanz spüren. Ich genoss es nicht mehr, ich nahm den Stoff nur noch gegen die Entzugserscheinungen. Ich brauchte immer mehr, damit ich mich überhaupt noch normal fühlen konnte und durch den Tag kam.

Mehr als jemals zuvor war ich auf Einbrüche angewiesen. Ich stahl nicht mehr, um mir neue Schuhe oder ein tolles Hemd zu leisten. Jetzt hatte ich eine teure Drogensucht zu finanzieren. Mein gesamtes Leben drehte sich nur noch darum, Geld für Heroin aufzutreiben. Von dem Moment an, an dem ich morgens aufwachte, ging es in meinem Leben um nichts anderes.

In diesem erbärmlichen Zustand befand ich mich gut zehn Jahre lang, bis ich George kennenlernte.

15

»Würde es dir gefallen, in die Swanfield Street zu ziehen?«

George wirkte nicht sonderlich beeindruckt.

»Klingt scheiße«, sagte seine Miene. »Warum lächelst du?«

Nach meiner letzten Entlassung aus der Haft nervte ich die Stadtverwaltung, damit mir eine größere Wohnung zur Verfügung gestellt würde. Mein möbliertes Zimmer in der Royal Mint Street war kleiner als eine Gefängniszelle und schien nach Georges Einzug noch geschrumpft zu sein. Ich glaube nicht, dass er in den neun Monaten, in denen ich ihn hatte, größer geworden war, aber sicherlich hatte sein Selbstvertrauen zugelegt, und er schien wesentlich mehr Platz für sich zu beanspruchen als am Anfang. George war hier mittlerweile der Gutsherr und trabte herum, als wäre er der unumschränkte Herrscher über dieses Reich, fläzte breit auf dem Sofa und kratzte sich ausgiebig, wann immer ihm danach der Sinn stand.

»Rück zur Seite!«, sagte ich, wenn ich mich ausstrecken wollte. Er zog die Stirn kraus und sah mich an, als wäre es eine Zumutung, auf dem Boden Platz nehmen zu müssen. Einige Minuten später, nachdem er wieder aufgestanden war und die nächsten zehn Runden im Zimmer gedreht hatte, war er wieder da und zwängte sich aufs Sofa.

Jedenfalls bot man mir ein Einzimmerapartment in der Swanfield Street auf dem Boundary-Anwesen im East End an, einer der ältesten Sozialbausiedlungen Europas. Ich hätte jede Wohnung in London genommen, wenn ich nur mehr Platz bekam. Es war reiner Zufall, dass die Wohnung in Shoreditch lag, nicht weit von der Gegend entfernt, in der ich aufgewachsen war und die ich seit meiner Kindheit kannte.

Im Sommer 2010 zogen George und ich dort ein. Ich war vor Kurzem neununddreißig geworden, und alles, was ich besaß, waren die Klamotten am Leib und ein Dosenöffner für das Hundefutter. Die Wohnung war unmöbliert, wir kampierten auf dem nackten Boden und hatten noch nicht mal einen Herd. Mir wurden 200 Pfund bewilligt, um die Wohnung einzurichten, worauf ich einen Teppich und ein Bett anschaffte.

Die Sozialhilfe, die ich bekam, wurde so weit gekürzt, dass sie kaum noch für die Miete reichte, von Essen und sonstigen Rechnungen und der Ausstattung für die Wohnung ganz zu schweigen. Mit Betteln allein würde ich nie und nimmer über die Runden kommen.

»Was sollen wir machen?«, sagte ich zu George. Ich saß neben ihm auf dem harten Boden und dachte nach. »Ich kann doch nicht mehr die alten Geschichten abziehen, oder?«

Als George in mein Leben trat, hatte ich mehr als dreihundert Vorstrafen angesammelt und über dreißigmal im Knast gesessen.

Man könnte meinen, ich müsste ein miserabler Dieb gewesen sein, wenn ich im Lauf der Jahre so oft erwischt wurde. In Wahrheit kam ich mit dem Leben draußen so schlecht zurecht, dass ich mich für die Wintermonate immer mehr oder minder freiwillig fürs Gefängnis meldete. Irgendwann bemühte ich mich noch nicht einmal mehr, bei den Einbrüchen meine Spuren zu verwischen. Ich trug absichtlich keine Handschuhe, hinterließ ganz

George schläft auf dem Sofa.

offen meine Fingerabdrücke und putzte auch nichts mehr weg, wenn ich mich zufällig am Arm schnitt und blutete.

Ich legte es darauf an, wieder verhaftet zu werden. Drinnen musste ich mir wenigstens keine Sorgen um die grundlegenden Dinge machen, ich hatte ein Dach über dem Kopf und genügend zu essen, was auf der Straße nicht immer gegeben war.

Es ist anstrengend und macht einen mürbe, wenn man auf der Straße lebt und zwischen Obdachlosenunterkünften und kirchlichen Einrichtungen hin und her pendelt, wenn man in Autos oder in aufgelassenen Kellerverschlägen schläft, wie ich es tat, nachdem ich die Wohnung im President House verloren hatte. Manchmal war ich so verzweifelt, dass ich kurz davor war, einen Ziegelstein durchs Fenster einer Polizeidienststelle zu werfen und den Beamten gleich die Hände entgegenzurecken, damit sie mir Handschellen anlegen konnten und ich ein Bett für die Nacht bekam.

In diesem Kreislauf steckte ich fest, als mir George begegnete. Als er auftauchte, war ich seit sieben oder acht Monaten aus dem Gefängnis raus, der kalte Winter 2009 setzte gerade ein. Unter normalen Umständen hätte ich den nächsten Einbruch wieder vermasselt, damit ich für einen kürzeren Zeitraum – bis es wieder warm wurde – eingebuchtet werden konnte.

So aber hatte sich George bei mir eingenistet und mir damit einen Strich durch die Rechnung gemacht. Wenn ich wieder ins Gefängnis kam, würde ich George verlieren. So einfach war das. Aber das stand für mich völlig außer Frage, dazu hatten wir schon zu viel zusammen erlebt. Zum ersten Mal seit einer gefühlten Ewigkeit gab es jemanden, für den ich zu sorgen hatte, was meinem Leben einen Sinn verlieh. Im Lauf der Jahre hatte ich einige Frauen kennengelernt, hier und da war ich eine Beziehung eingegangen, aber keine hatte, wenn überhaupt, länger als zwei Monate gehalten. Bei meinen Brüdern und meiner

Schwester sah ich, wie viel Liebe sie ihren Kindern entgegenbrachten, und so etwas Ähnliches empfand ich mittlerweile gegenüber George.

Meine Gefühle für ihn wurden mir schlagartig klar, als wir eines Tages vor der U-Bahn-Station Fenchurch saßen und eine elegante Frau an uns herantrat, die an George augenblicklich einen Narren gefressen zu haben schien.

»Was ist das für ein hübscher Hund!«, rief sie, und schon kraulte sie ihm den Kopf. »Der ist ja wundervoll! Ich hab noch nie einen so süßen Staffie gesehen. Sie wollen ihn nicht zufällig verkaufen?«

Ich war völlig baff. Wie kam sie überhaupt dazu, eine solche Frage zu stellen?

»Er ist so ein Prachtbursche«, fuhr sie fort. »Ich zahle Ihnen einen guten Preis …« Daraufhin bot sie mir sage und schreibe 2000 Pfund an, aber ich unterbrach sie schnell.

»Hören Sie, Miss, nichts für ungut, aber haben Sie Kinder?«

»Ja, aber ich kenne Staffies, ich bin überzeugt, dass er mit Kindern gut kann …«

»Nein, darum geht es nicht. Ich meine: Wie würden Sie sich fühlen, wenn ich Sie frage, ob ich Ihnen eines Ihrer Kinder abkaufen könnte?«

Sie sah mich verwirrt an.

»George ist für mich wie ein Sohn, verstehen Sie? Ich liebe ihn wie mein eigen Fleisch und Blut. Ich würde ihn nie verkaufen, nicht für zwei Riesen, noch nicht mal für hundert Riesen. Dazu ist er mir viel zu wichtig.«

Sie trug es mit Fassung und war mir nicht böse, und selbst George zwinkerte ihr hinterher, als sie abzog.

Das Gespräch jedenfalls hatte mir deutlich vor Augen geführt, was ich insgeheim schon gewusst hatte: Ich würde bei George bleiben, egal, was passieren würde. Ich wusste nur noch

42
George the Dog
Shoreditch, London

nicht recht, wie ich es anstellen sollte, damals, in der ersten Zeit. George war mir verdammt wichtig, wichtiger als irgendjemand sonst auf der Welt. Ich liebte ihn, und es war undenkbar, dass ich ihn wieder hergab.

Wir saßen also zusammen auf dem Boden meiner Wohnung, und ich musste wieder an die Frau und die Wahnsinnssumme denken, die sie mir für George geboten hatte. 2000 Pfund hätte ich wirklich gut gebrauchen können.

»Ich hätte dich an die Lady verkloppen sollen, George. Dann hätte ich mir von dem Geld eine hübsche Golduhr kaufen können.«

George gab einen Seufzer von sich und legte den Kopf zwischen die Pfoten. Er sah sehr traurig aus, und ich hatte sofort ein schlechtes Gewissen.

»Hey, hör mal, war doch bloß Spaß. Du kannst doch nichts dafür«, sagte ich.

Er spitzte die Ohren.

»Ja, so ist das wohl, du taube Nuss«, lachte ich. »Und das ist gut so, Kumpel. Mach dir mal keine Sorgen.«

Ich dachte an die Zeit, die ich mittlerweile mit ihm verbracht hatte. Ich hatte ihn kaum aus den Augen gelassen, noch nicht einmal vor dem Tesco ließ ich ihn angeleint allein, wenn ich eine Dose Futter kaufte. Ich bat immer einen vertrauenswürdigen Kumpel, auf ihn aufzupassen, während ich so schnell wie möglich in den Laden rannte.

Anfangs hatte ich Angst, der durchgeknallte Schotte könnte auftauchen, aber nachdem die Frau ihn mir hatte abkaufen wollen, fürchtete ich, er könnte mir gestohlen werden.

Es kam daher überhaupt nicht infrage, dass ich George allein ließ, während ich mich wieder auf eine Diebestour begab – was mit meinem lahmen Bein sowieso kaum mehr möglich gewesen wäre; ich war nicht mehr so flink wie früher. Was, wenn man mich dabei erwischt und über Nacht eingesperrt hätte? Wer würde dann den Hund füttern und sich um ihn kümmern? Es gab niemanden, der ihn über einen längeren Zeitraum versorgt hätte.

»Das darf nicht passieren«, sagte ich laut. »Also brauche ich einen Job.«

Aufmerksam setzte sich George auf und warf mir einen Blick zu. »Und wie willst du das anstellen, du dämlicher Loser?«, schien seine Miene zu sagen. Aber ich wollte, dass er wusste, was mir durch den Kopf ging. Vielleicht war ich in der Tat etwas dämlich, wenn ich mir einbildete, er würde alles verstehen – zumindest schien er mir zuzuhören.

Aber dass ich ein Loser war, konnte man nicht leugnen. Ich war fast vierzig Jahre alt und hatte nicht die geringstes Aussicht auf irgendeinen Job. Wer würde mich schon nehmen bei meinem Vorstrafenregister, dick wie ein Telefonbuch? Und selbst wenn jemand bekloppt genug war, um es mit mir zu probieren, wie sollte ich dann meine Arbeit machen, wenn George nie von meiner Seite wich? Ich fühlte mich völlig überfordert.

So blieb nur eins. Obwohl ich mein Leben lang nicht aufs Betteln angewiesen sein wollte, blieb mir kurzfristig keine andere Wahl, wenn wir nicht verhungern wollten. So einfach war das.

»Los, George«, sagte ich. »Machen wir einen kleinen Ausflug auf die Shoreditch High Street.«

16

Die Shoreditch High Street hatte nichts mehr mit der eintönigen, grauen, heruntergekommenen Straße meiner Jugend zu tun. Mittlerweile prägten junge, hippe Leute das Bild und sorgten für eine lebendige Atmosphäre. Der Blick auf die City mit dem Broadgate Tower und den anderen in der Ferne schimmernden Hochhäusern machte deutlich, wie sehr sich dieser Teil Londons verändert hatte und nach wie vor veränderte. Am meisten fiel mir auf, wie stark sich die urbane Kultur mit der Geschäftswelt vermischte. Nicht weit von den riesigen Wolkenkratzern standen alte Industriebauten, auf denen wundervolle bunte, detailreiche Wandgemälde gemalt und gesprayt waren. Ich hatte von Banksy gehört – wer hatte das nicht? – und wusste, wie viel er für Streetart-Künstler getan hatte. Aber ich hatte keine Ahnung, dass Streetart so populär und weit verbreitet war – der Begriff hatte damals noch nicht mal Eingang in meinen Wortschatz gefunden. Ich fühlte mich in dem Viertel, in dem die Kunst so allgegenwärtig und wichtig für die eigene Identität war, sofort zu Hause.

Die Sonne schien, in der Luft lag ein Knistern, als würde die ganze Gegend vor Leben nur so sprühen. Geschäftsleute in schicken Anzügen strömten aus den Bars, staubbedeckte Arbeiter mampften ihre Sandwiches, die sie sich an einer Tankstelle besorgt hatten, modisch gekleidete junge Frauen betrachteten die Schaufenster, und unzählige Studenten waren unterwegs.

Mir fiel ein alter Mann auf, der bettelnd auf dem Bürgersteig saß. Obwohl es einer der seltenen warmen Tage war, hatte er sich einen wattierten Schlafsack um die Schultern geschlungen. Niemand schien sich an ihm zu stören, Menschen aus allen Schichten nickten ihm zu und gaben ihm Kleingeld. Der erste Ausflug auf der High Street raubte mir schier den Atem. Es war, als hätte ich eine ganz neue Welt betreten.

Ich nahm meinen ganzen Mut zusammen und ließ mich mit George am Ende der High Street, nicht weit von der dortigen Overground-Station, an einem belebten Platz neben einer Texaco-Tankstelle nieder. An den U-Bahn-Stationen Tower Hill und Liverpool Street war ich es gewohnt gewesen, immer auf den Beinen zu sein und herumzulaufen, wenn ich die Pendler ansprach, hier aber schien alles wesentlich entspannter abzugehen, sodass ich mich mit George einfach auf den Bürgersteig setzte.

Ich stellte einen Pappbecher vor mich und saß eine Weile lang ruhig da, sog die Atmosphäre auf und beobachtete das Treiben ringsum. Leute legten mir Münzen in den Becher, ohne dass ich sie darum bitten musste, andere plauderten ein wenig mit mir, sagten mir, wie hübsch George sei oder fragten mich nach seinem Namen.

Betteln fällt leichter, wenn es warm ist. Die Leute haben mehr Zeit und sind generell besser gelaunt, aber ich hatte nicht gedacht, dass es so einfach sein würde. Shoreditch war Bettler und Obdachlose anscheinend gewohnt, also kam ich von jetzt an jeden Tag an denselben Platz zurück.

Wir verdienten immer genug, damit wir über den Tag kamen, und oft auch ein bisschen mehr.

Es tat gut, ein Auskommen zu haben, ohne stehlen zu müssen, aber das änderte keineswegs meine Haltung zum Betteln. Ich hasste es nach wie vor. Jeder Penny, den man mir gab, erfüllte mich mit Scham. Und dass ich jetzt dort bettelte, wo ich aufgewachsen war, in der Straße, in der ich als kleiner Junge mit meiner Familie entlanggegangen war, machte es noch schlimmer. Ich wäre gestorben, wenn mir Jackie oder Malcolm oder David begegnet wären. Sie alle wohnten nicht weit von hier. Ich nahm mir fest vor, mich erst wieder bei ihnen zu melden, wenn ich mein Leben auf die Reihe gekriegt hatte. Davon war ich zu diesem Zeitpunkt allerdings noch verdammt weit entfernt. Und in Ermangelung eines besseren Plans kam ich Tag für Tag zur High Street zurück. George und ich lebten von der Großzügigkeit unserer Mitmenschen, mehr erwarteten wir zu diesem Zeitpunkt auch gar nicht.

Ein paar Wochen später merkte ich, dass es besser war, wenn ich mich auf der gegenüberliegenden Straßenseite niederließ. Dort stand auf dem Bürgersteig einer von diesen grünen Schaltkästen, an den ich mich lehnen konnte, was wesentlich bequemer war, wenn mich wieder die Arthritis plagte. Außerdem war die Aussicht besser. Links von mir lag die Londoner City, direkt vor mir standen die alten viktorianischen Gebäude der High Street – ein Gegensatz, der mich einfach faszinierte.

Ich brachte George bei, hinter dem Becher Platz zu nehmen, als wäre er derjenige, der bettelte. Das hatte zwei Vorteile: Er zog die Aufmerksamkeit auf uns, sodass die Leute mehr Münzen in den Becher legten, außerdem musste ich mich dann selbst und meine Situation nicht so bedauern, weil der Becher ja nicht direkt vor mir stand. Kaum zu glauben, was für Fortschritte George gemacht hatte. Als ich ihn kennenlernte, war er ein ungebärdiger junger Hund gewesen, bei dem ich mir nie hätte träumen las-

Mach auf jeden Fall ein Foto von mir – aber leg bitte eine Münze in den Becher, sonst beiß ich dich vielleicht. Einen schönen Tag noch – George der Hund.

sen, dass er einmal stundenlang an einer lauten, viel befahrenen Straße still sitzen würde.

Ständig zermarterte ich mir das Hirn darüber, wie ich von der Straße kommen und auf ehrliche Weise für mich und George sorgen konnte. Wenn ich mir die ganze Kunst in Shoreditch so anschaute, überlegte ich mir, ob ich nicht durch eigene Zeichnungen ein paar zusätzliche Pfund verdienen könnte. Manche der Streetart-Sachen waren nicht unbedingt die große Kunst, aber sie ermutigten mich, selbst wieder den Stift in die Hand zu nehmen.

Wie man sich vorstellen kann, strotzte ich nicht gerade vor Selbstvertrauen. Ich hatte jahrelang nichts gezeichnet und konnte überhaupt nicht einschätzen, wie gut ich noch war.

Du musst kein Picasso sein, um dir ein paar Kröten zu verdienen, sagte ich mir. Ich sah zu George und dachte daran, dass ich ihn füttern und warmhalten musste.

»Was meinst du?«

»Mach es«, erwiderte er – jedenfalls stellte ich mir vor, dass er das sagte. »Schauen wir den Tatsachen doch ins Auge. Hast du sonst noch was auf Lager, was du tun könntest?«

»Nein.«

»Also, dann mach es.«

»Was, wenn ich es nicht mehr kann? Dann sitzen wir noch tiefer in der Scheiße.«

»Das wirst du erst herausfinden, wenn du es probierst. Was hast du denn zu verlieren?«

Solche Gedanken gingen mir tage-, wenn nicht wochenlang durch den Kopf. Ich schob es immer wieder hinaus, eines Tages aber langweilte mich das Herumsitzen auf dem Bürgersteig so sehr, dass ich begann, die alten Gebäude vor mir zu zeichnen. Es packte mich sofort. Alles geriet ganz mühelos, der Trubel um mich herum schien zu verstummen, während ich die Bauten mit all ihren Einzelheiten zu Papier brachte. Es ging mir gut damit, ich hatte das Gefühl, dass ich einen Zweck verfolgte, und es tat gut, dass ich nicht einfach nur herumhockte und darauf wartete, dass die Leute Geld in den Becher warfen.

Die Skizze war gar nicht schlecht. Am nächsten Tag zeichnete ich dasselbe Gebäude, weil ich die Arbeit vom Vortag verbessern wollte. Es handelte sich um Shoreditch High Street 187, in dem sich ein altes Ledergeschäft befand. In der Vergangenheit hatte ich nur Gesichter und Gestalten gezeichnet, die alten Gebäude in diesem Abschnitt der High Street aber fesselten mich. Je verfallener sie waren, desto interessanter fand ich sie. Ich suchte mir die baufälligsten Gebäude und beschäftigte mich mit den bröckeligen Ziegelmauern und den zerbröselnden Türrahmen und Fensterbrettern. Ich zeichnete sogar die Graffiti-Tags und die Streetart auf den Dächern.

Ich musste nur den Stift in die Hand nehmen, und mir war, als würde ich tief durchatmen. Ich genoss das Gefühl, kein Bettler mehr zu sein – als würde ich den Passanten zurufen: »Ich bin ein Künstler auf der Suche nach Arbeit«, statt: »Haben Sie mal ein bisschen Kleingeld für mich?« Noch hatte ich überhaupt nichts erreicht, aber es ging mir besser als seit Langem.

Die ersten Zeichnungen waren bei Weitem nicht perfekt, aber selbst an einem schlechten Tag konnte ich erkennen, dass es mir nur an Übung fehlte. Deshalb zeichnete ich dasselbe Gebäude immer wieder; das Ergebnis nennt man dann »Studie«. In dieser Phase hatte ich keinen Gedanken daran verschwendet, irgendetwas zu verkaufen. Keines der Bilder wurde fertig, ganz davon abgesehen, dass ich sie nicht für gut genug hielt, aber ich spürte, dass ich mich weiterentwickelte.

Und selbst wenn ich Bilder der High Street schuf, die man vielleicht verkaufen könnte, würden sie kaum viel Geld einbringen – so meine Überzeugung. Wenn sich etwas lohnen würde, dann Aquarelle, dachte ich. Ich überlegte, ob ich nicht nach Hampstead fahren sollte, um die schicken Häuser dort zu zeichnen und sie den reichen Besitzern zu verkaufen.

»Wünsch mir Glück, Kumpel«, sagte ich jeden Tag zu George, wenn ich mich vor dem Schaltkasten niederließ. »Es geht um unsere Zukunft!«

George hatte immer den Becher vor sich und saß reglos dahinter. Jeden Tag sah er zum Becher und dann auf mein Blatt und die Stifte, als wollte er sagen: »Wird aber auch Zeit, dass du mal loslegst.«

Dann blickte er nachdenklich vor sich hin und ließ mich meine Sachen machen.

Sobald ich genügend Geld hatte, kaufte ich im Künstlerbedarfsladen weiter oben in der Straße qualitativ hochwertiges Papier und dünne schwarze Stifte. Immer wieder versuchte ich mich an den verrußten Schornsteinen, den zerbeulten Fernsehantennen, den Graffiti und den Gräsern, die oben auf den Gebäuden wuchsen, sowie an ganzen Gebäudeabschnitten und den winzigen Details ihres Mauerwerks.

So zeichnete ich dieselben zwei Gebäude – Shoreditch High Street 187 und 189 – buchstäblich mehr als zweitausendmal, um noch die kleinsten Kleinigkeiten richtig zu treffen. Das klingt vielleicht öde, aber mir kam es nie so vor. Es war ja nicht so, als würde ich immer wieder eine Schale mit Obst abbilden. Obwohl ich immer auf demselben Fleck saß, war mein Blick auf die Straße stets ein anderer. Gerüste kamen und gingen, Schaufensterdekorationen änderten sich über Nacht, Studenten in den unterschiedlichsten Aufmachungen bevölkerten die Bürgersteige.

Die Umgebung änderte sich mit jedem Tag, das ganze Viertel entwickelte sich vor meinen Augen zu einem Zentrum für Streetart und Kultur aller Art, und ich wollte das alte Shoreditch einfangen, bevor es zu spät war. Ich zeichnete nie die Menschen, mich interessierten nur die alten Gebäude, aber die ganze Atmosphäre, die Ausstrahlung der Leute inspirierten mich.

Nach ein oder zwei Monaten hatte ich das Gefühl, dass ich irgendwie vorankam, langsam begann ich mich als richtigen Künstler zu sehen, auch wenn es genügend Momente gab, an denen ich meine Zeichnungen für totalen Mist hielt.

»Was meinst du dazu?«, fragte ich George, wenn er zu mir herüberblickte.

»Alles totaler Mist«, kam es von ihm – ich schwöre es.

Mir war klar, dass ich noch besser werden musste, aber ich wusste auch, dass es voranging. Ich war bei jedem Wetter draußen, ich verpasste keinen einzigen Tag. Wenn es regnete, wickelte ich mich und George in schwarze Mülltüten, und als es kalt wurde, besorgte ich für George einen alten Dufflecoat. Den zog ich ihm mit der Rückseite nach vorn an und band die Ärmel am Rücken zusammen, sodass er wie in eine kuschelige Decke gehüllt dasaß. Er beschwerte sich nie, sondern hielt sogar ganz still, um es mir so leicht wie möglich zu machen.

»He, verdammte Scheiße, wie grausam!«, schrie an einem Freitagabend ein Betrunkener. Er war aus Browns Stripclub weiter unten in der Straße gekommen und wollte mir jetzt weismachen, dass ich George auf der Stelle nach Hause bringen sollte.

»Kümmere dich um deinen eigenen Kram und schaff dich selbst nach Hause, Kumpel«, erwiderte ich.

Es kam immer wieder zu solchen oder ähnlichen Kommentaren. Frauen riefen: »Oooooh, ist das denn gut, wenn er in der Kälte draußen sitzt?«

»Ja«, antwortete ich dann. »Würde ich ihn allein zu Hause lassen, würde er durchdrehen. Er ist gern hier draußen.«

Und das stimmte. Kaum hörte er, dass ich die Wohnungstür öffnete, war er auch schon auf den Beinen. Er konnte es immer gar nicht erwarten, rauszukommen. Ließ ich ihn allein in der Wohnung, winselte und jaulte er pausenlos.

»He, du Idiot«, herrschte ich ihn an. »Ich geh doch bloß zum Laden an der Ecke. In zehn Minuten bin ich wieder da.«

»Deine zehn Minuten kenn ich schon«, besagte seine Miene.

Eines Nachts kam ich am Stripclub in der Hackney Road vorbei, als ich einen der Türsteher sah, der draußen kurz frische Luft schnappte.

Ich musste zweimal hinsehen. Ich kannte sein Gesicht, trotzdem brauchte ich ein, zwei Minuten, bevor mir klar wurde, wer er war. Es war Mr. O'Brien – der Wärter aus Pentonville, der meine Hogarth-Zeichnung gesehen hatte. Wahrscheinlich erkannte er mich nicht mehr, vielleicht wollte er mich auch nicht mehr kennen, ich sprach ihn aber auch nicht an. Aber als ich ihn jetzt hier sah und mich an sein Kompliment erinnerte, tat das meinem Selbstvertrauen unendlich gut.

»Weißt du was«, sagte ich an diesem Abend zu George, »ich werde es als Künstler schaffen.« Plötzlich hatte ich das starke Gefühl, dass ich es packen würde. »Ich werde reich sein, pass nur auf!«

George wirkte wenig beeindruckt, also fuhr ich fort: »Und Brad Pitt wird mich in einem Hollywood-Film spielen. Jammerschade, dass er nicht so gut aussieht wie ich.«

In meinen Tagträumen stellte ich mir vor, dass ich wieder Kontakt zu Malcolm und David aufnahm. Ich dachte oft an die Familie und stellte mir vor, ihnen allen mitzuteilen, dass ich mein Leben in den Griff bekommen hätte.

Im Jahr zuvor, Anfang 2009, hörte ich in den Lokalnachrichten im Fernsehen, wie der Moderator plötzlich verkündete: »Auf der New Year Honours List findet sich auch der Postbote David Ryan …«

Entgeistert folgte ich dem Beitrag. Ich konnte es nicht fassen – meinem großen Bruder David wurde für seine Dienste an der Gesellschaft der britische Verdienstorden verliehen! Obwohl er mittlerweile als Postbote arbeitete, gab er dreimal in der Woche im Times Amateur Boxing Club Boxunterricht und trug damit dazu bei, die Kids von der Straße zu holen. »Ja, meine Mum wäre jetzt sehr stolz auf mich«, erzählte er dem Reporter, der ihn zu seiner Herkunft interviewte, was mir einen Stich versetzte.

David war mittlerweile über fünfzig, es war ein ganz schöner Schock, ihn nach dieser langen Zeitspanne wiederzusehen, aber es spornte mich auch an. Ich wollte nichts sehnlicher, als wieder den Kontakt zur Familie aufzunehmen und irgendwann dafür zu sorgen, dass sie auf mich stolz sein konnten.

Vorerst saß ich weiterhin auf dem Bürgersteig, auch wenn es schneite und meine Finger vor Kälte blau anliefen, weil ich mit Handschuhen schlecht hätte zeichnen können. Ich ließ mich von der Kälte nicht abschrecken, obwohl mir meine Arthritis schwer zu schaffen machte. Es stand eine Menge auf dem Spiel.

»Es wird sich auszahlen, du wirst schon sehen«, sagte ich zu George.

»Das hoffe ich schwer«, schien er darauf immer zu antworten. Aber er beschwerte sich nie, auch wenn eine Eiseskälte herrschte, wenn es hagelte oder uns der Wind um die Ohren pfiff.

Schließlich hatte ich genügend gespart, um George eine dickere, mit Schaffell gefütterte Jacke zu besorgen, und egal, wie das Wetter jetzt war, stoisch saß er auf dem Bürgersteig, als hätte er sein Leben lang nichts anderes gemacht.

Ich fühlte mich sehr schnell in der örtlichen Gemeinschaft aufgenommen und genoss es, in der High Street zu sitzen, wo jeden Tag dieselben Leute George und mich begrüßten. Aus den Heimen und Unterkünften, in denen ich mich im Lauf der Jahre aufgehalten hatte, kannte ich einige der Obdachlosen und Bettler in Shoreditch. Die meisten begegneten uns sehr freundlich.

Nachdem ich mich unter den dortigen Obdachlosen etabliert hatte, sagte man mir, dass man sich zum Betteln auf dem Platz vor dem Tesco, der besten Stelle in ganz Shoreditch, turnusmäßig abwechselte. Mir gefiel, dass sie die ungeschriebenen Gesetze der Straße respektierten. Ich verzichtete allerdings auf den Platz vor dem Tesco, weil ich mit meiner Stelle auf der gegenüberliegenden Straßenseite glücklich war, und auch das respektierten sie und ließen mich in Ruhe.

Mach auf jeden Fall ein Foto von mir …

Wenn es kalt war und George seine Schaffelljacke trug, fragten mich die Leute, ob sie ein Foto von ihm machen dürften. »Klar«, sagte ich und hoffte, sie würden als kleines Dankeschön eine Münze in seinen Becher legen. Leider machten viele das Foto und gingen dann einfach weiter.

Schließlich stellte ich eine Notiz auf: »Mach auf jeden Fall ein Foto von mir – aber leg bitte eine Münze in den Becher, sonst beiß ich dich vielleicht. Einen schönen Tag noch – George der Hund.«

Die meisten sahen mich zeichnen und wussten natürlich sofort Bescheid. Ich hatte kein Schild vor mir stehen, im Grunde aber sagte ich den Leuten: »Ich bin ein arbeitsloser Künstler.«

»Mir gefällt, dass Sie nicht einfach nur um Geld bitten«, sagten die Leute bald. »Es ist gut, dass Sie hier was tun.«

An den Freitag- und Samstagabenden kam es immer wieder vor, dass smarte Geschäftsleute, die aus den Sportbars kamen, mir Zehn- oder Zwanzig-Pfund-Scheine zusteckten. In diesem Fall schenkte ich ihnen eine von meinen Zeichnungen, was ich nur gerecht fand. Es handelte sich meistens um Studien und unvollendete Skizzen. Ich war ja noch am Üben, aber wenigstens hatte ich etwas, was ich ihnen geben konnte.

Einmal kamen zwei Typen vorbei, die ganz eindeutig auf Krawall gebürstet waren. »He, such dir verdammt noch mal einen Job!«, blafften sie mich an. Aber ich war darauf vorbereitet, mit so etwas war zu rechnen.

Seit einiger Zeit brachte ich George bei, dass er losbellte, wenn ich mit dem Finger auf jemanden zeigte. Er lernte das schnell, so wie er alles schnell begriff, was ich ihm zeigte. Bellte er, obwohl er es gar nicht sollte, musste ich nur die Stimme erheben oder ihm einen Klaps auf den Hintern verpassen; bellte er allerdings, wenn ich mit dem Finger auf jemanden zeigte, dann überschüttete ich ihn mit Lob.

Als die Typen mir also dumm kamen, sagte ich kein Wort, sondern hob nur den Arm und zeigte auf sie, und George gab ein tiefes Knurren von sich, bellte los und jagte den beiden eine Scheißangst ein. Sie belästigten mich nie wieder.

Außerdem brachte ich George bei, ganz still zu sitzen, wenn

er andere Hunde sah. Mit kleineren Hunden hatte er sich nie abgegeben, bei größeren musste ich aber immer auf der Hut sein, weil es in der Gegend einige Streuner gab, die äußerst aggressiv werden konnten.

In diesem Fall begann ich sofort auf George einzureden. Manche Passanten, die mich dabei beobachteten, glaubten wahrscheinlich, ich wäre vollends übergeschnappt, weil ich ununterbrochen das Geschehen kommentierte, solange der streunende Köter in der Nähe war.

»Sitz, George. Braver Hund, ganz ruhig, rühr dich nicht vom Fleck ...« So ging das ohne Unterbrechung. Auf die Passanten, die mich misstrauisch anstarrten, ging ich gar nicht ein. Noch heute spreche ich mit George so. Hunde wie er brauchen das, vor allem, wenn sie nicht angeleint sind.

Nicht alle Hundebesitzer teilen meine Ansichten zur Disziplin. Eines Tages kam ein Typ mit einem Pitbull-Terrier die High Street herunter und unterhielt sich mit seinem Begleiter unmittelbar vor George und mir. Er achtete nicht auf seinen Hund, und ehe ich mich versah, ging das verdammte Vieh George an die Kehle.

»Es tut mir furchtbar leid!«, sagte er, als wir die beiden Tiere endlich getrennt hatten. »Ich kann mich nicht genug entschuldigen.«

»Entschuldige dich nicht«, sagte ich. »Bring ihm verdammt noch mal ein paar Manieren bei. Es hätte ja auch ein Kind sein können, auf das er losgeht.«

Ich will nicht behaupten, dass George perfekt ist – das ist er ganz und gar nicht. Er ist nichts weiter als ein Hund und hat einige üble Angewohnheiten, die ich ihm beim besten Willen nicht austreiben kann. Eine davon ist, alles zu verputzen, was er auf der Straße findet. Ganz gleich, wie viel Hundefutter er bekommt, wenn er irgendwo eine weggeworfene Fastfood-

Pappschachtel mit angeranzten Hühnchenknochen und Chips erschnüffelt, schlingt er alles mitsamt der Verpackung in sich hinein.

»Ach, du Ferkel«, sage ich ihm dann. Ich lasse ihn regelmäßig entwurmen, das ist also nicht das Problem. Er ist einfach ein Gierschlund – es liegt in seiner Natur.

Sein schlimmster Wesenszug aber ist die mangelnde Konzentration beim Überqueren der Straße. Man muss nach wie vor höllisch auf ihn aufpassen, denn in Shoreditch ist immer viel los. Wenn ich ihn nicht ständig zurechtweise und ihm befehle, bei Fuß zu gehen, kann es leicht passieren, dass er einen Fehler macht.

Etwa ein Jahr nach unserem Umzug in die Gegend wurde ich wieder schmerzlich daran erinnert. Es war ein Freitagabend, wir überquerten die Straße vor der Tankstelle, als ein Bus um die Ecke bog und mitten auf der Straße anhielt. Ich befand mich direkt vor dem Bus und blieb stehen, um nach dem Gegenverkehr Ausschau zu halten, George allerdings marschierte einfach weiter und lief prompt vor ein Auto, das mit ungefähr dreißig Sachen unterwegs war.

»George!«, schrie ich. Unsere Blicke trafen sich noch, bevor er unter dem Wagen verschwand. Ein fürchterlicher Anblick, aber George rappelte sich sofort wieder auf und ließ sich von mir anstandslos auf die andere Straßenseite führen. Ich winkte dem Fahrer zu, bedeutete ihm, dass es nicht seine Schuld war, und setzte mir George am Straßenrand auf den Schoß.

»Alles in Ordnung?«, fragte jemand an der Bushaltestelle. »Mir ist ganz anders geworden, als ich das gesehen habe.«

»Scheint so«, antwortete ich. »Alles in Ordnung, George?«

Er sah mich bloß an und zwinkerte, als wollte er sagen: »Was soll die ganze Aufregung?«

Ich untersuchte seinen Brustkorb und tastete ihn von oben bis unten nach gebrochenen Knochen ab. Er hatte nicht einen Kratzer abbekommen und zitterte noch nicht mal. Wahrscheinlich hatte ich mich mehr erschreckt als er. Mir läuft es immer noch kalt über den Rücken, wenn ich nur dran denke. Danach nahm ich ihn für eine Weile an die Leine.

Nach einigen Monaten, in denen ich mit George auf dem Bürgersteig gesessen und gezeichnet hatte, wurden wir beide zur festen Einrichtung im Viertel, und ich hatte das Gefühl, dass wir endlich irgendwo dazugehörten. Ein Gefühl, das ich seit meiner Kindheit im President House nicht mehr gehabt hatte.

»Ah, schau, da ist er ja«, hörte ich die Leute sagen. »Er sitzt da jeden Tag und zeichnet. Und der Hund rührt sich nie. Schau ihn dir an!«

Meine Gebäudeskizzen wurden immer besser, und oft war ich so in die Arbeit vertieft, dass ich die Leute, die stehen blieben und mir beim Zeichnen zusahen, gar nicht mehr bemerkte. Stunden vergingen, während ich mich auf immer feinere Details konzentrierte und George ruhig neben mir saß und das Geschehen auf der Straße beobachtete. Irgendwann fragten mich Passanten, für wie viel ich die Bilder verkaufen wollte, und bevor ich so richtig wusste, wie mir geschah, verlangte ich zehn oder zwanzig Pfund pro Zeichnung. Dabei waren die Arbeiten noch nicht mal richtig fertig; ich hatte sie nur zum Üben begonnen und hätte sie noch weiter ausgearbeitet, wenn ich gewusst hätte, dass ich sie verkaufen würde. Sie wurden mir aber auch so aus der Hand gerissen.

»Was zeichnen Sie sonst noch?«, fragte mich eines Tages eine Frau.

»Was soll ich denn zeichnen?«, erwiderte ich.

»Können Sie mir Ihren Hund zeichnen?«

Ich sah zu George, der voller Stolz und in seiner ganzen Schönheit in seiner Jacke eingemümmelt hinter dem Becher saß, und es überraschte mich ganz und gar nicht, dass sie ein Bild von ihm wollte. Viele hatten ihn mittlerweile fotografiert, außerdem hatte ich sowieso vorgehabt, ihn mal zu zeichnen. Als ich ihn jetzt so sah, machte es bei mir klick. Er sah so friedlich und ruhig aus; genau so wollte ich ihn darstellen.

»Klar«, sagte ich. »Kommen Sie in einer halben Stunde wieder, dann ist es fertig.«

»Wunderbar, danke. Was wird es kosten?«

»Zehn Pfund für Sie, Madam.«

Ich klang ganz gelassen, in Wahrheit war ich mir aber alles andere als sicher, wie die Zeichnung werden würde. Ich hatte noch nie einen Hund gezeichnet – aber es ging ja um George.

Sobald ich den Stift zur Hand nahm, spürte ich, was für ein großer Schritt das für mich sein würde. Bei einem Porträt geht es nicht nur darum, die äußere Erscheinung wiederzugeben, sondern den Charakter, die Gemütsverfassung der porträtierten Person oder des Tieres einzufangen. Ich kannte George in- und auswendig, ich kannte seine Angewohnheiten und Launen, seine Eigenarten und wollte dem allem gerecht werden. Es war etwas ganz anderes als das Abbilden der Häuser um mich herum, aber sobald ich damit angefangen hatte, wusste ich, dass es etwas Besonderes werden würde. Ich fing seine glänzenden Augen ein, die Wölbung seines Bauches, seine Stupsnase. Mehr als das, ich fing *ihn* ein – meinen besten Freund. Die Zeichnung wurde so gut, wie ich mir erhofft hatte. Als ich den Stift weglegte und das Werk begutachtete, fiel mir noch etwas auf: Es war die erste Arbeit, die ich wirklich vollendet hatte; und es war meine erste Auftragsarbeit. Wegen George hatte ich wieder zum Stift gegriffen, und jetzt war George der Grund, dass ich mich Künstler nennen konnte. Unter die Zeichnung schrieb ich einfach: »George der Hund. Shoreditch, London.«

»Wie schön!«, rief die Frau, als sie zurückkehrte. Ihre Reak-

tion überraschte mich nicht. Ich wusste, ich hatte George sehr gut getroffen – ihre Begeisterung bestätigte das jetzt nur.

»Ich bin sehr zufrieden damit«, sagte ich ihr. »Ich kann Ihnen gar nicht sagen, wie zufrieden ich bin. Einen schönen Tag noch!«

Nach außen hin gab ich mich ganz cool, innerlich aber war

ich sehr aufgewühlt. »Verdammt, ich hab meine erste Auftragsarbeit verkauft! Ich bin verdammt noch mal ein Künstler!«

Danach zeichnete ich George regelmäßig und begann täglich Zeichnungen zu verkaufen. Angestellte aus den Läden und Büros und die örtlichen Geschäftsleute redeten über uns, und plötzlich waren ich und George und meine Kunstwerke Tagesgespräch in Shoreditch.

Ich spürte, wie es aufwärts ging. Ich lebte immer noch unter der Armutsgrenze, aber die Pläne, nach Hampstead zu gehen und die Häuser dort zu zeichnen, stellte ich jetzt zurück. Denn das hier ließ sich wesentlich besser an. Und mit der Zeit, davon war ich überzeugt, würde es sich bezahlt machen.

»Ich werde es schaffen«, sagte ich zu George, wenn ich das Gefühl hatte, wir könnten beide eine Aufmunterung vertragen. »Ich pack das.«

Er sah mich an, als hätte ich nicht alle Latten am Zaun, so, wie er es immer tat, wenn ich etwas in der Art sagte. Aber ich wusste, ich würde ihn eines Tages eines Besseren belehren.

»Schau mich nicht so an«, sagte ich zu ihm. »Und wart nur ab, ich werd's dir zeigen.«

17

An einem Freitagnachmittag, an dem ich an meiner üblichen Stelle zeichnete, sprachen mich zwei Typen an und fragten, ob sie bei mir eine Zeichnung in Auftrag geben könnten. Sie bräuchten sie für ein Buch, das sie zusammenstellen wollten. Das war eine Überraschung. Ich wusste, dass meine Zeichnungen mittlerweile im Gespräch waren, ein Buch aber war etwas ganz anderes.

»Klingt gut«, sagte ich mit glänzenden Augen. »Was ist das für ein Buch?«

Die beiden stellten sich als Steven Moffett und Steven Dray vor und erklärten, der Titel ihrer Publikation laute *Shoreditch Unbound.* Darin wollten sie in limitierter Auflage Artikel, Bilder und Kunstwerke versammeln, die die Geschichte von Shoreditch dokumentierten und einen Überblick über das kreative Potenzial des Viertels lieferten. Später stellte ich fest, dass sich darin auch Werke von Künstlern wie Tracey Emin und Gilbert & George befanden.

Im weiteren Verlauf sollte ich die Streetart-Szene ziemlich gut kennenlernen. Ich traf auf Leute, die loszogen und nach seltsamen und wunderbaren Dingen Ausschau hielten wie am Boden klebende, bemalte Kaugummis, die das Werk eines Künstlers namens Ben Wilson waren. Ich schlenderte um die Ecke in die Great Eastern Street und betrachtete dort die Village Underground Wall, eine Wand, die Künstlern aus aller Welt als Malfläche diente. Und bei den Gesprächen mit den Anwohnern des Viertels fielen die Namen von berühmten Streetart-Künstlern wie Stik oder Thierry Noir. Alle gingen davon aus, dass sie mir ein Begriff waren, leider sagten sie mir aber gar nichts. Ein obdachloser Freund, dem ich meine Unwissenheit beichtete, klärte mich schließlich auf.

»Schau dich mal in der Rivington Street um«, sagte er. »Stik macht diese Strichmännchen, und Thierry Noir … das ist der Franzose, der die Berliner Mauer angemalt hat. Er macht diese bunten Gesichter mit weißen Augen und dicken Lippen.« Ich sah mir das alles an und war sofort völlig begeistert von ihren Arbeiten.

Nachdem ich nun ein bisschen mehr Ahnung hatte, war meine Freude umso größer, dass ich für ein Buch ausgewählt wurde, in dem einige dieser Künstler vorkamen, von Größen wie Tracey Emin und Gilbert & George ganz zu schweigen. Gilbert & George war ich sogar einige Male in der High Street begegnet. Sie wohnten nicht weit entfernt in der Brick Lane, und ich hatte sie oft zusammen beim Spaziergang gesehen. Wir nickten uns zu. Jeden Abend, immer zur gleichen Zeit, kamen sie in ihren zueinanderpassenden Tweed-Anzügen an meiner Stelle vorbei, warfen jedes Mal einen Blick auf meine Zeichnungen und gaben mir gelegentlich den einen oder anderen Tipp. Ich war unglaublich stolz, dass sich zwei Künstler ihres Kalibers für mich interessierten.

Von ROA hatte ich, wie ich gestehen muss, noch nie gehört, erst später wurde mir klar, dass er ein weltweit angesehener belgischer Streetart-Künstler ist und durch seine riesigen Schwarz-Weiß-Zeichnungen von Vögeln und Tieren bekannt wurde. Seinen ersten Auftritt in London hatte er mit der Zeichnung eines gewaltigen Hasen an der Wand eines Aufnahmestudios in Hackney. Einige faszinierende Werke von ihm fanden sich auch in Shoreditch.

Zwei Tage später, am Sonntag, traf ich erneut Steven und Steven, diesmal auf dem Blumenmarkt in der Columbia Road, wo ich ihnen zwei Bilder überreichte. Auf einem Blatt hatte ich die Gesichter dreier Männer gezeichnet, auf dem anderen das Ledergeschäft in dem verfallenden Gebäude. Ich signierte die Arbeiten mit »John Dolan, Shoreditch High Street 2011«. Ich verlangte von ihnen 150 Pfund und unterschrieb eine Abdruckgenehmigung.

Dann dachte ich nicht mehr daran. Ich hatte keine Ahnung, ob das Buch ein Erfolg oder ob es überhaupt jemals gedruckt würde, jedenfalls schmeichelte es mir, um einen Beitrag gebeten worden zu sein. Ich fühlte mich dadurch dem Viertel und seinen Bewohnern noch zugehöriger, was mein Selbstvertrauen weiter stärkte.

Nicht lange danach verließ ich gerade mit George die Wohnung, als mir plötzlich ein stechender Schmerz in beide Beine fuhr. Ich konnte mich kaum noch bewegen. Zufällig kam gerade ein älterer Mann auf der gegenüberliegenden Straßenseite aus dem Haus, der, wie ich bemerkte, auf Krücken ging. »Haben Sie zufällig ein Ersatzpaar?«, rief ich ihm zu, weil ich meine Krücken in der Wohnung gelassen hatte.

»Nein. Verpiss dich. Da unten steht ein Krankenwagen – frag die doch.«

Es stand wirklich ein Krankenwagen in der Straße, aber ich konnte mich doch nicht mehr bewegen. Also rief ich per Telefon den Notarzt und wurde zu Röntgenaufnahmen ins Krankenhaus gefahren. George kam mit in den Wagen, wo ich ihn fest an mich drückte. Es würde schwierig werden, mich um ihn zu kümmern, wenn ich mir den Knöchel gebrochen hatte. Gott sei Dank sagten mir die Ärzte, dass nichts ernstlich verletzt sei und die Schmerzen nur auf einen schweren Arthritisschub zurückzuführen waren. Danach wankte ich, schwer zugedröhnt mit Schmerzmitteln, auf einem neuen Paar Krücken nach Hause.

Einen Monat später saß ich mit George im Bus, als ich den älteren Typen wiedersah, der mir gesagt hatte, ich solle mich verpissen. »Ich heiße Les«, begrüßte er mich. »Das mit den Krücken tut mir leid. Ich hatte an dem Tag selber fürchterliche Schmerzen. Ich möchte mich entschuldigen.«

Es stellte sich heraus, dass Les schwul und an Aids erkrankt war und noch dazu an Osteoporose litt. Wir plauderten eine Weile, danach lud er mich auf einen Kaffee in seine Wohnung ein. Ich erzählte ihm ein wenig aus meinem Leben und was ich auf der High Street so machte.

»Die Kunst ist alles, was ich habe«, sagte ich. »Sie ist meine einzige Hoffnung, um das Ruder doch noch mal herumzureißen.«

Außer George hatte ich das noch keinem anvertraut. Es tat richtig gut, mit jemandem reden zu können. Und es war Les anzusehen, dass er meine Gesellschaft ebenfalls schätzte. »Komm mal wieder vorbei«, sagte er. »Ich würde gern deine Bilder in dem Buch sehen, wenn es herauskommt.«

Wahrscheinlich war er sehr einsam, so versprach ich, gelegentlich bei ihm vorbeizuschauen. Mit der Zeit wurde Les zu einem sehr guten Freund. Jeden zweiten Tag besuchte ich ihn und erkundigte mich nach seinem Gesundheitszustand. Wenn bei mir mal wieder das Warmwasser nicht funktionierte, konnte ich seine Waschmaschine benutzen, und zum Dank schob ich ihm einen Zwanziger hin. Ich zog ihn auf, nannte ihn eine »olle Tunte« und »Muttchen«, und er wurde für mich tatsächlich zu so was wie eine Mutter. Ich konnte mit ihm über alles reden, und er kümmerte sich rührend um mich und George.

Ich erzählte Les von allem, was auf der Straße so geschah, und er erzählte mir, was sich im Rest der Welt abspielte, weil er sich regelmäßig die Nachrichten im Fernsehen ansah. Ich hatte das Fernsehen aufgegeben, weil ich es nicht mehr ertragen konnte, ständig von neuen Kürzungen der Sozialleistungen zu hören, aber Les bekam alles mit, und wenn wir uns trafen, erzählte er mir ausführlich, was David Cameron als Nächstes vorhatte.

Die Gespräche waren immer sehr interessant, und manchmal sah ich dann sehr ernst zu George und sagte: »Siehst du, mit Les kann man sich wenigstens vernünftig unterhalten. Nicht so wie mit dir!« Les brach jedes Mal in schallendes Gelächter aus, wenn ich George auf diese Art aufzog, weshalb ich es natürlich ständig machte.

»He, George, du bist hier der Einzige ohne Krücken. Setz doch mal das Wasser auf«, sagte ich, und Les wieherte erneut los.

Eines Tages sprach mich eine Frau auf der High Street an und erzählte mir, dass sie eine Galerie in Brixton habe. Zu der Zeit zeichnete ich viele Porträts, an denen sie interessiert schien. Sie gab mir ihre Karte.

Ich hatte mir noch nicht überlegt, wie ich mit ihr verfahren sollte, als zwei weitere Frauen auf mich zutraten. Auch sie sprachen von einer Galerie, die ihnen gehörte, und von einer geplanten Ausstellung. Wir verabredeten uns für den nächsten Tag, aber da es wie aus Eimern kübelte, ließ ich das Treffen sausen.

Ähnliches passierte etwa einen Monat später. Einige Kunsttypen sprachen mich an und erzählten, sie würden in der Gegend ein Video mit dem R&B-Sänger Lemar drehen. Sie fragten, ob ich Interesse hätte, mit ihnen über meine Arbeit zu reden. Auch hier vereinbarten wir ein Treffen, aber entweder verspäteten sie sich oder sie erschienen gar nicht, jedenfalls trottete ich irgendwann nach Hause.

Ich erzählte Les davon, und es tat gut, eine zweite Meinung

zu hören. »Hätte ich mehr Geduld haben müssen? Oder mehr Eigeninitiative zeigen müssen? Was meinst du?«

»Hör auf dein Gefühl«, antwortete Les. »Hattest du den Eindruck, dass sie es ehrlich meinen?«

»Nein. Sonst hätte ich ja nachgehakt.«

»Genau. Du weißt, wenn es so weit ist. Nimm das alles als Anerkennung und lass es ruhig angehen. Deine Zeit wird noch früh genug kommen.«

Ich nahm mir Les' Worte zu Herzen, machte weiter wie bisher und saß jeden Tag und bei jedem Wetter mit George auf der High Street. Mittlerweile verlangte ich zwanzig Pfund für die Bilder von George, weil ich länger für sie brauchte und sie detaillierter zeichnete, vor allem, wenn ich ihn in seiner Schaffelljacke abbildete.

Die Leute fragten mich, ob ich nicht Porträts von ihnen oder von ihren Gefährten oder ihren Hunden anfertigen könnte, manchmal entwarf ich dann Skizzen, während sie warteten, ansonsten widmete ich mich nach wie vor den Gebäuden in der High Street. Es wurde viel gebaut, und meine Bilder – ohne dass ich das je geplant hatte – dokumentierten mittlerweile die Veränderungen in dieser Straße.

Neben der Shoreditch High Street 187 stand eine alte Reklametafel. Um die Bilder etwas aufzupeppen, kritzelte ich, wenn die Tafel in der Zeichnung vorkam, meine eigenen Slogans in die freie Fläche.

»David Cameron ist ein A***«, lautete dabei mein Lieblingsspruch. Dank Les war ich eingehend darüber informiert, wie die Regierung das gesamte Sozialsystem zugrunde richtete.

Die von Cameron eingebrachten Änderungen sollten offiziell den Missbrauch von Sozialhilfe eindämmen, unberechtigte Bezieher machten allerdings nur einen Bruchteil der Empfänger aus. Die große Mehrheit waren Menschen wie ich, die auf zusätzliche Unterstützung angewiesen waren, wenn sie versuchen wollten, sich aus eigener Kraft aus der Scheiße wieder herauszuarbeiten. Ohne George hätte ich höchstwahrscheinlich wieder mit den Einbrüchen angefangen. Bei meinem Vorstrafenregister, das es mir unmöglich machte, einen Job zu bekommen, wäre das die einzige Möglichkeit gewesen, mich über Wasser zu halten.

Die Reklamezeichnungen allerdings trafen einen Nerv. Sogar junge Frauen kamen zu mir, streichelten George und fragten: »Haben Sie eine von diesen A***-Zeichnungen? Könnten Sie mir eine machen?« So ein Wort passte zwar gar nicht zu ihr, aber natürlich beklagte ich mich nicht. Geschäft war schließlich Geschäft.

Die Stimmung auf der Straße war in dieser Zeit einfach großartig, und George warf mir immer seltener einen seiner sarkastischen Blicke zu, je mehr er von allen möglichen Leuten getätschelt und gekrault wurde und ihre ungeteilte Aufmerksamkeit genoss.

»Das muss ich dir lassen«, schien er sich zu denken, »das läuft ja gar nicht so übel.«

18

An einem Abend im August 2012 quatschte mich so ein schnöseliger Yuppie an und stellte sich als Richard Howard-Griffin vor. Er erklärte, er vertrete mehrere bekannte Streetart-Künstler und arbeite mit ihnen zusammen. Begleitet wurde er von seinem Kumpel Cityzen Kane, der vor allem für seine 3D-Beschwörungsmasken bekannt ist, die überall im East End die Wände zieren.

Richard – oder Griff, wie er genannt wurde – sprühte vor Begeisterung und sagte mir, dass er interessiert sei, mit mir zu arbeiten.

»Ich mag deine Sachen, wirklich«, versicherte er mir mit seinem leicht affektierten Akzent. »Wäre toll, wenn wir mal was zusammen machen könnten.« Er schien ein nachdenklicher, kluger Kerl zu sein und wirkte wie Anfang zwanzig, hatte aber ein Büro und Atelier in der Rivington Street, gleich um die Ecke von meinem Platz auf dem Bürgersteig.

Ich erwähnte *Shoreditch Unbound* und die Tatsache, dass schon andere auf mich zugekommen seien, gab aber zu verstehen, dass ich an seinem Angebot sehr interessiert sei.

Cityzen Kane kaufte eine von meinen »David Cameron ist ein A***«-Zeichnungen, und Griff fragte, ob ich ein größeres Bild von Shoreditch High Street 187 machen könnte, aber mit leerer Reklamewand, was ich natürlich bejahte. Er besorgte mir im Künstlerbedarfsladen eine große Leinwand und unzählige Stifte, darunter einen dicken Filzstift, und ich sagte ihm, er werde das Bild so schnell wie möglich bekommen.

Ansonsten wurden keine Versprechen gegeben, keine Treffen ausgemacht, keine Vereinbarungen getroffen, aber ich war zuversichtlich, was Griff anging. Er hatte Energie, Fantasie, und bislang hatte er mir keinen Blödsinn erzählt. Das gefiel mir. Wir würden gut zusammenarbeiten, das sagte mir mein Gefühl.

Ich brauchte ein paar Tage für das große Bild, und ich verwendete dabei den Filzstift, was der Zeichnung einen Pop-Art-Touch verlieh. Als ich auf der Straße daran arbeitete, wurde ich von einem Passanten gefragt, ob ich das Bild verkaufen würde.

»Leider nein, es ist für einen Kunsthändler«, erwiderte ich, was mich regelrecht in Euphorie versetzte und George, wie ich mir einbildete, ganz bestimmt ein breites Grinsen entlockte.

Ich ließ die Reklametafel leer, wie Griff mich gebeten hatte, und war sehr zufrieden mit dem Resultat. Sogar George zog die Augenbrauen hoch, als er es sah.

»Gar nicht mal so schlecht«, sagte ich. »Auch wenn Eigenlob natürlich stinkt.«

George wandte sich nur ab und saß wieder reglos hinter seinem Becher. Wahrscheinlich war er noch damit beschäftigt, sich ein Urteil zu bilden, denn er ist in allem ein äußerst skeptischer Zeitgenosse.

Ein paar Tage darauf brachte ich die riesige Leinwand in einem Müllbeutel in Griffs Atelier. Er war total begeistert. Er hielt die Zeichnung hoch, betrachtete sie aus jedem Winkel, hielt sie am ausgestreckten Arm gegen verschiedene Wände und trat zurück, um sie zu bewundern.

»Es gefällt mir«, sagte er. »Sehr sogar.« Und dann erzählte

Griff betrachtet die große Leinwand.

er mir von seiner Idee. Er wollte Streetart-Künstler dazu einladen, die leere Reklametafel auf meinem Bild mit ihren eigenen Arbeiten zu füllen. Um ehrlich zu sein, mir war anfangs nicht ganz klar, welches Konzept er verfolgte. Ich dachte, ich könnte dort meine eigenen Sachen einfügen, wie ich es mit den Slogans gemacht hatte. Und ich wusste nicht, dass Griff nicht einfach irgendwelche Streetart-Künstler zur Teilnahme überreden wollte, sondern die Besten der Welt.

Ich ließ die Leinwand bei ihm, und er versprach, sich wieder bei mir zu melden – worauf ich mich, wie ich wusste, verlassen konnte.

Ich hatte jetzt Griffs Visitenkarte in der Tasche und begann mich bei ein, zwei Leuten nach ihm umzuhören. Einer der örtlichen Geschäftsleute, die ihn kannten, meinte: »Ach, der … dem würde ich nicht über den Weg trauen«, worauf ich herzhaft lachen musste.

»Er ist definitiv der Richtige für mich«, erzählte ich später Les. »Schnösel hin oder her, wir haben wahrscheinlich ein paar Dinge gemeinsam.«

In jenem September tauchten auch Steven und Steven wieder auf und brachten ein frisch gedrucktes Exemplar von *Shoreditch Unbound* vorbei. Meine drei Männerporträts und die Zeichnung des Lederwarenladens füllten zwei A4-Seiten, gleich darauf folgte ein großes Hochglanzfoto von Boy George. Ich war sprachlos. Aufgeregt blätterte ich das Buch durch, betrachtete die Bilder und die Artikel über Stars wie Tracey Emin und Gilbert & George und die Streetart-Künstler Stik und Thierry Noir.

Das als Ringbuch gestaltete, äußerst aufwendige und ungewöhnliche Werk kostete im Laden achtzig Pfund. Als ich darin meine Zeichnungen entdeckte, die nun für immer der Nachwelt erhalten bleiben würden, hatte ich einen dicken Kloß im Hals.

»Wisst ihr was, das ist bislang mein größter Erfolg«, sagte ich den beiden. »Ich kann euch gar nicht sagen, was das für mich bedeutet.«

»Siehst du das, George«, sagte ich später, als wir in meinem Zimmer das Buch durchgingen. »Ich bin jetzt ein Künstler, dessen Werke veröffentlicht werden.«

George fiel dazu nichts ein, weder schnitt er eine Grimasse, noch kam sonst ein Kommentar von ihm. Wahrscheinlich spürte er, wie die Dinge ins Rollen kamen, dachte ich mir, und wartete jetzt gespannt auf den nächsten Schritt – genau wie ich.

Die ganze Sache mit *Shoreditch Unbound* erfüllte mich mit großem Selbstvertrauen, und so beschloss ich eines Tages, mit dem Buch unter dem Arm eine örtliche Galerie aufzusuchen, um auch andere auf meine Kunst neugierig zu machen und die Möglichkeit einer eigenen Ausstellung auszuloten. Voller Stolz und Enthusiasmus präsentierte ich dem Galeristen meine veröffentlichten Werke, der aber war nicht im Geringsten daran interessiert und besaß noch nicht einmal die Höflichkeit, mir freundlich abzusagen – im Grunde warf er mich hochkant hinaus. Ich war wieder auf dem Boden der Tatsachen angelangt, und mir wurde klar, dass es wesentlich mehr brauchte als zwei in einem Buch abgedruckte Skizzen, um in die etablierte Kunstwelt einzudringen.

Ich fuhr also fort, George den Hund und die High Street und die Reklametafel zu zeichnen, verkaufte die Bilder für zehn und zwanzig Pfund und wartete ab. Die Reaktion des Galeristen verbuchte ich als einen Rückschlag, aber nachdem ich die anfängliche Enttäuschung überwunden hatte, kehrte auch mein Glaube an mich selbst zurück. Durch *Shoreditch Unbound* war ich überzeugt, dass es nur eine Frage der Zeit wäre, bis ich es als Künstler schaffen würde. Ich musste nur hart weiterarbeiten und auf meine Chance warten. Ich war äußerst optimistisch, dass sich der richtige Augenblick schon ergeben würde, und obwohl ich Griff seit einiger Zeit nicht mehr gesehen hatte, war ich zuversichtlich, dass er die Dinge für mich in die richtige Richtung lenkte.

Im Lauf der Zeit fügte ich meinen Zeichnungen einzelne Farbtupfer hinzu und setzte andere Sprüche auf die von den Leuten so geliebte Reklametafel. »Bollox.com« war einer davon, mit dem ich mich über das viele dumme Zeug im Internet lustig machte, »Sex, Drugs and Rock'n'Roll und eine nette Tasse Tee« ein anderer, weil ich damit zum Ausdruck brachte, dass es mit mir ein wenig voranging.

Im Februar 2013 besuchte Griff mich erneut auf der High Street. Wieder goss es in Strömen, und George und ich saßen unter einem Schirm. Ich hatte Griff zu nichts gedrängt, obwohl es mittlerweile ein halbes Jahr her war, dass wir uns das letzte Mal gesehen hatten. Aber ich machte mir keine Sorgen; ich wusste, er würde auftauchen, wenn die Zeit reif war.

Griff erklärte, er habe sich nur deshalb nicht bei mir blicken lassen, weil er unglaublich viel um die Ohren gehabt und einige große Streetart-Festivals organisiert hatte, die im Mai und Juni in Dulwich und Chichester stattfinden sollten.

Wir sprachen wieder über die Reklametafel-Idee und den Plan, mit Streetart-Künstlern aus der ganzen Welt zusammenzuarbeiten.

Er erläuterte mir verschiedene Dinge, ich lauschte gespannt, ohne zu wissen, worauf ich mich da einließ. Ich war nicht mehr ganz unbekannt, andererseits war es aber auch noch nicht so lange her, dass ich mich überhaupt als Künstler sah; die Vorstellung, mit anderen Künstlern zusammenzuarbeiten, war für mich daher ein großer Sprung ins Ungewisse.

Aber Griff bestand darauf und erzählte, er sei in zwei Tagen im Café an der Ecke, gleich gegenüber von meinem Platz, mit Stik und Thierry Noir verabredet.

»Ich möchte, dass du mitkommst und sie kennenlernst«, sagte er. Die beiden Namen waren mir mittlerweile ein Begriff, ich hatte einige ihrer Werke gesehen, aber ich konnte nicht behaupten, dass ich mit ihren Arbeiten vertraut war. Also bat ich Griff, mir mehr über sie zu erzählen.

Er erklärte, dass Stik seit gut einem Jahrzehnt im East End seine Strichmännchen male und erst jetzt weltweite Beachtung finde. Daneben veranstalte er erfolgreiche Ausstellungen und unterstütze Organisationen wie Amnesty International, was mich beeindruckte. Thierry Noir war weltberühmt geworden, nachdem er die Berliner Mauer bemalt und auf dem Höhepunkt seiner Bekanntheit mit Gruppen wie U2 zusammengearbeitet hatte. Griff hatte sich etwa zur gleichen Zeit, als er mich kennenlernte, mit Noir in Berlin getroffen und diesen nach Shoreditch eingeladen, um zusammen mit Stik die Village Underground Wall in der Holywell Lane zu gestalten. Die Wand des Village Underground (oder VU) ist die wichtigste Streetart-Mauer in London. Die beiden Künstler wollten sich in einem Café treffen, um gemeinsam ihre Pläne zu skizzieren.

Ich sagte zu, an dem Treffen teilzunehmen, obwohl ich immer noch unsicher war, wie das Ganze funktionieren sollte. Nachdem ich mich von Griff verabschiedet hatte, wanderte mein Blick zu George, um von ihm zu erfahren, was er sich zu der ganzen Sache dachte. Seine Miene konnte nur eines bedeuten: »Viel Glück, Kumpel. Du wirst es brauchen.«

Als wir zwei Tage später im Café eintrafen, war Griff bereits da. Bei ihm saßen zwei Typen mit Neon-Jacken, die aussahen wie Straßenreiniger, dazu eine junge Frau, die er als seine Assistentin Carina vorstellte.

Ich fragte mich, wann die berühmten Künstler auftauchen würden, da stellte mich Griff den beiden unscheinbaren Typen vor.

»Das ist Stik«, sagte er und wies lächelnd auf den Jüngeren der beiden. »Und das ist Thierry Noir«, und zeigte mit einem höflichen Nicken auf den älteren Herrn.

Griff brachte den beiden Künstlern großen Respekt entgegen. Er behandelte sie wie zwei Rockstars, zu Recht, denn die beiden zählten zu den Legenden der Streetart-Szene. Und ich stellte fest, dass ich mich ihnen gegenüber genauso benahm wie Griff. Ich spürte die Energie, die dieses Treffen umgab, und fühlte mich geehrt, hier sein zu dürfen. Natürlich fühlte ich mich ganz klein, wenn ich nur daran dachte, dass Thierry Noir die Berliner Mauer bemalt hatte, während ich als Achtzehnjähriger kurz davor gewesen war, zu meiner ersten Gefängnisstrafe nach Feltham einzurücken. Aber jetzt saßen wir hier zusammen in einem Café in Shoreditch, tranken Tee und sprachen darüber, gemeinsam an einem Kunstwerk zu arbeiten. Es kam mir absolut unwirklich vor.

Mittlerweile hatte ich kapiert, worauf Griff hinauswollte.

Ich musste es dem smarten Burschen lassen, es war eine verdammt gute Idee. Neben Stik und Thierry Noir wollte er renommierte Streetart-Künstler bitten, die leere Reklametafel auf meiner Shoreditch-High-Street-Zeichnung mit eigenen Werken zu füllen, sie also als leere Wandfläche für ihre Kunst zu benutzen. Griff fragte auch Stik und Noir, was sie von seinem Vorschlag hielten.

»Gefällt mir, das ist eine ziemlich coole Idee«, antwortete Stik, als Griff ihm meine Arbeiten zeigte. Thierry stimmte zu. »Ein wirklich cleveres Konzept. Und mir gefallen die Sachen, die du machst, John. Du bist da wirklich auf einem guten Weg.«

Sie ermunterten mich beide auf ihre freundliche Art, was mir eine Menge bedeutete. Ihre Kommentare versetzten mir richtig einen Kick. Hier waren zwei angesehene Künstler, die sich nicht nur positiv über meine Arbeit äußerten, sondern sogar in Aussicht stellten, sie als Grundlage für ein eigenes Werk zu verwenden. Mehr noch, sie waren bereit, es umsonst zu tun, um die Sache ins Laufen zu bringen. Schließlich wussten sie, wie es war, wenn man wie ich auf der Straße lebte und von ganz unten anfangen musste.

Später fand ich heraus, dass Griff mich als denjenigen hingestellt hatte, »um den es eigentlich ging«. Ich war derjenige, der wirklich von der Straße kam, der lange obdachlos gewesen war und jetzt, um zu überleben, auf der Straße arbeitete und zeichnete, und dafür respektierten sie mich.

Ich schenkte Thierry eine Zeichnung von George, Stik bekam einige Skizzen, die ich zufällig dabeihatte. Ich wollte ihnen einfach etwas zurückzugeben, und sie dankten mir und wünschten mir alles Gute.

Danach ging ich mit Griff in sein Büro in der Rivington Street, um über das Geschäftliche zu reden. George kam natürlich ebenfalls mit.

Stik und Thierry Noir hecken Pläne aus.

»Was genau kannst du für mich tun?«, fragte ich, als wir an seinem Schreibtisch saßen.

»John, was soll ich denn für dich tun?«, antwortete er mit einer Gegenfrage.

»Mich zu einem reichen Künstler machen!«, sagte ich nur halb im Spaß.

»Das lässt sich einrichten!«, erwiderte er.

»Und warum willst du das für mich tun?«

»Weil ich ein netter Kerl bin.«

Das war natürlich ironisch gemeint, trotzdem tauschten George und ich einen Blick aus.

»Blödsinn!«, schienen wir beide wohl gleichzeitig zu denken.

Also fragte ich Griff ohne Umschweife, was er dafür wollte, wenn ich ihn zu meinem Galeristen machte. Er meinte, für den Anfang würden wir den Gewinn aus den verkauften Werken zwischen uns teilen.

»Fünfzig-fünfzig?«, sagte ich. »Mannomann, echt bescheiden, was?«

Schließlich reichten wir uns lächelnd die Hand. Ich wollte keine Diskussion übers Geld vom Zaun brechen, im Gegenzug wollte ich aber auch nichts unterschreiben. Damit konnte Griff leben. Ich erwähnte es nicht extra, aber ich wollte keinesfalls einen weiteren Winter auf der Straße verbringen und hoffte, dass er mir irgendwie helfen konnte.

Griff drückte mir einen Haufen hochwertigen Papiers sowie Stifte in die Hand, und ich kehrte zu meinem Platz auf dem Bürgersteig zurück und produzierte weitere Reklamewand-Zeichnungen. Bald darauf kam Griff mit weiteren Neuigkeiten und Plänen. Nach der positiven Reaktion von Stik und Noir war er zuversichtlich, Künstler aus der ganzen Welt zur Mitarbeit an der großen Reklametafel-Zeichnung bewegen zu können – und dabei ging es nicht nur um irgendwelche Künstler. Griff wollte Siebdrucke an die bekanntesten Streetart-Künstler weltweit schicken, von Russland bis nach Berlin, von Kolumbien bis nach Los Angeles.

Für mich klang das verdammt ehrgeizig. Ich hatte ja keine Ahnung, über welche Kontakte er verfügte, daher konnte ich nicht beurteilen, wie realistisch sein Projekt war, aber nach dem Treffen mit Stik und Noir war ich extrem zuversichtlich. Fragen Sie mich nicht, wie oder warum, aber ich hatte das starke Gefühl, dass das alles funktionieren würde.

Außerdem wollte Griff, dass ich andere großformatige Ansichten der Gebäude in Shoreditch zeichnete sowie weitere High-Street-Szenen und Bilder von George.

»Warum?«, fragte ich. Ich sah keinen Sinn darin. Diese weiteren Bilder schienen nicht zu seinem Projekt zu passen.

»Wenn du das alles zusammenhast, können wir an eine Ausstellung denken«, sagte Griff. Ich war wie vom Donner gerührt. Meine Zeichnungen – in einer Galerie ausgestellt? Und nicht nur das, sondern eine Einzelausstellung, auf der, wenn alles nach

Plan lief, meine Bilder von den Größen der Streetart-Szene bearbeitet und gestaltet werden würden.

»Wie viele Bilder würdest du brauchen?«, fragte ich. Trotz meiner Aufregung wollte ich sichergehen, dass ich seiner Bitte überhaupt entsprechen konnte.

»Neben den Zeichnungen für die Zusammenarbeit mit den Streetart-Künstlern? Fünfzig High-Street-Bilder und fünfzig mit George«, sagte er.

Das war ein Haufen Arbeit, vor allem, weil ich es nicht gewohnt war, mich beim Zeichnen unter Druck zu setzen.

»Wann soll das Ganze steigen?«, fragte ich vorsichtig.

»In vier bis fünf Monaten.«

»Wo?«

»Das weiß ich noch nicht.«

»Gut, dann sollte ich mich schleunigst an die Arbeit machen.«

Ich grinste übers ganze Gesicht, obwohl in meinem Kopf alles drunter und drüber ging. Ich war es nicht gewohnt, so viel Verantwortung zu schultern, aber mir diese Gelegenheit entgehen lassen wollte ich auch nicht. Es war die größte Chance meines Lebens und meine größte Hoffnung, endlich etwas auf die Beine zu stellen, was meine Zukunft und die von George sicherte. Und es war die Chance, dafür zu sorgen, dass meine Familie stolz auf mich sein konnte.

19

»John, sag mal, hast du ein Problem?« Es war das erste Mal, dass ich Griff angearscht erlebte.

Ich wusste sofort, worauf er anspielte. Ziemlich zerknirscht rappelte ich mich vom Bürgersteig hoch. Das war jetzt nicht der Zeitpunkt, ihm irgendeinen Scheiß zu erzählen.

»Was meinst du?«

»Alkohol, Drogen.«

Es hatte keinen Sinn, ihm etwas vorzumachen. Er hatte verdammt viel für mich getan, und ich wollte das Vertrauen nicht zerstören, das sich zwischen uns aufgebaut hatte.

»Ja, hab ich. Ich hab ein Drogenproblem, seit vielen Jahren schon. Ich kann es erklären.«

Ich schäme mich zu sagen, dass ich meine Drogensucht nie ganz ablegen konnte, auch nicht, nachdem ich George aufgenommen hatte. Ich war auf der geringsten täglichen Heroindosis, die gerade noch ausreichte, um die Entzugserscheinungen unter Kontrolle zu halten. Wer mich auf der High Street sah, wäre nie auf die Idee gekommen, dass ich ein Problem hatte. Griff hatte lange gebraucht, um es zu bemerken. Ich funktionierte ganz normal und sah auch nicht wie ein typischer Junkie aus, ich war nicht verwahrlost, bibberte nicht vor mich hin, hatte keine schlechte Haut oder dunkle Augenringe. Da ich eine Wohnung hatte, konnte ich mich jeden Tag zurechtmachen, ich konnte arbeiten und mich wunderbar mit den Leuten auf der Straße unterhalten. Aber sooft ich es auch versuchte, es gelang mir nie, meine Sucht endgültig abzuschütteln.

Ich erzählte Griff alles; ich war es ihm schuldig. Außerdem sollte er wissen, dass ich nie versucht hatte, ihn hinters Licht zu führen. Ich war so gewohnt, mein Problem zu vertuschen, dass mir das in Fleisch und Blut übergegangen war und ich keine Notwendigkeit sah, mit anderen darüber zu reden.

Er hörte sich alles an und sagte dann ruhig: »John, ich muss wissen, ob du die Sachen für die Ausstellung liefern kannst. Kann ich mich darauf verlassen, dass du mit den Bildern rüberkommst?«

»Ja, kannst du. Ich werde dich nicht im Stich lassen«, erwiderte ich. »Ich gehe morgen zum Arzt und melde mich für ein Entzugsprogramm an. Ich hatte noch nie so einen großen Anreiz wie jetzt. Ich werde das durchziehen.«

Nicht lange danach überschritt Griff den Rubikon, wie er es nannte, und traf eine Entscheidung, bei der er weniger geschäftlichen Gründen folgte, sondern eher seiner Intuition. Er bot mir einen Vorschuss von 1000 Pfund auf alle meine Zeichnungen von George und von der High Street an, in der Hoffnung, mich damit bei der Stange zu halten.

»Ich nehme hundert Pfund«, sagte ich, weil ich kein Bankkonto hatte und das Geld nicht verplempern wollte. »Kannst du die restlichen neunhundert für mich aufbewahren?«

Meine Reaktion überraschte Griff wahrscheinlich, aber er ließ sich darauf ein. Er schloss den Betrag in seinem Büro weg und versicherte mir, ich könne das Geld jederzeit haben, wenn ich wollte.

Später erzählte er mir, dass er noch nie unter einem so großen

Druck gestanden hatte wie in den darauffolgenden Monaten vor der Ausstellung. »Ist ja nicht immer so, dass von einer Ausstellung das Leben eines Menschen abhängt« – das erzählt er den Leuten jetzt, aber genau das war damals der Fall gewesen. Es ging für mich schlichtweg um alles, finanziell, gesundheitlich, es ging um mein ganzes Leben. Und natürlich hing auch Georges Zukunft davon ab.

Heute kann Griff locker darüber plaudern, damals war ihm ziemlich mulmig zumute. Als wir die Ausstellung planten, war er erst zwei Jahre im Kunstgeschäft und gab das Geld mit beiden Händen aus, organisierte Streetart-Festivals in Dulwich und Chichester, streckte Hunderte Pfund für Materialien vor und heuerte mit Stik und Thierry Noir zwei Top-Streetart-Künstler an, um die Sache ins Rollen zu bringen. Und jetzt gab er mir einen Vorschuss, bevor auch nur eine Zeichnung für die »Collabs«, wie er die gemeinschaftlichen Werke nannte, fertig war. Er arbeitete regelmäßig bis zwei Uhr morgens, weil so vieles anstand. Es musste, musste einfach klappen.

Trotz des immensen Drucks hatte Griff neue Ideen. Wenn er mir Zugang zum Hausdach nebenan verschaffen würde, könnte ich die Village Underground Wall in meine Zeichnung aufnehmen – und die eignete sich doch sehr viel besser als Grundlage, auf der sich die Streetart-Künstler austoben konnten, als die ursprünglich gedachte Reklametafel. Außerdem würde die Londoner Skyline von hoch über der Shoreditch High Street einen faszinierenden Anblick abgeben und für mich natürlich eine neue Herausforderung darstellen. Er setzte alle Hebel in Bewegung, um mir Zugang zum Dach des Bürogebäudes hinter dem Tesco zu ermöglichen, direkt gegenüber meiner üblichen Stelle und hoch über der High Street gelegen. Griff holte mich dann buchstäblich unten auf der Straße ab und marschierte mit mir und der Staffelei und George hinauf. Wenn er keine Zeit hatte, passte seine Assistentin Carina auf mich auf. Die Location war großartig. Neben der Village Underground Wall konnte man dahinter die umgebauten Zugwaggons sehen, die als Ateliers genutzt wurden, und dahinter den Heron Tower und den Broadgate Tower sowie links von ihnen die Spitze der Gherkin. Im Vordergrund schlängelte sich von links die Eisenbahnlinie ins Bild, darunter die geschäftige Straße und hinter den Gleisen die berühmt-berüchtigte Chariots-Sauna.

Die Arbeit an der Skyline erfüllte mich von Anfang an mit neuem Selbstbewusstsein, und mehr als je zuvor glaubte ich an mich. Ich wollte, dass die Zeichnung absolut perfekt wurde, weshalb ich mir Zeit ließ. Es war ein langer, mühseliger Prozess, der tägliche harte Arbeit erforderte und unter nicht unbedingt tollen Bedingungen stattfand. Die Büroangestellten reagierten etwas verschnupft, als sie mich mit George und der Staffelei an ihren Arbeitsplätzen vorbeistapfen sahen. Auch das Wetter war nicht das Beste, ich verlor einige Tage, weil es zu nass und zu windig war, um sich auf dem Dach niederzulassen. Irgendwann blieb nichts anderes mehr übrig als Fotos von der Skyline zu machen, nach denen ich dann abends in meiner Wohnung arbeitete.

Um mein Werk bekannter zu machen, engagierte Griff einen Filmemacher aus der Gegend, Will Robson-Scott, der über mich eine kurze Doku drehte. Ich hatte meinen Spaß dabei, denn mit Will suchte ich meine alten Plätze auf, inklusive des Pentonville-Gefängnisses. Auf dem Weg dorthin erzählte ich dem Taxifahrer: »Wir machen diesen Film, weil ich in der Kunstszene ganz groß rauskommen werde!«

Während Griff sich auf dem Streetart-Festival in Chichester aufhielt, wurde ich von zwei Rockmusikern angesprochen, die, wie sich herausstellte, Mitglieder von Heaven's Basement waren. Sie sollten auf BBC Radio 1 von DJ Alice Levine interviewt werden. Das Konzept der Sendung sah vor, dass die Gäste Alice und ihrem Co-Gastgeber ein Geschenk mitzubringen hatten. Die beiden Musiker baten mich daher, eine Zeichnung von Alice Levine anzufertigen, was ich tat. Frauenporträts waren damals nicht unbedingt meine Stärke, daher bat ich die Jungs, diesen Umstand Alice unbedingt zu erklären – ich war mit ihrem Porträt, das, um ehrlich zu sein, ziemlich beschissen aussah, nämlich überhaupt nicht zufrieden. Doch noch bevor die Musiker in der Sendung Alice darüber in Kenntnis setzen konnten, sagte sie ohne Umschweife: »Sagt mir jetzt nicht, dass Frauenporträts nicht seine Stärke sind!« Das Gelächter war groß, aber ich war im Gespräch. Die Musiker sprachen ausführlich von mir und erzählten Alice, dass ich mit George auf dem Bürgersteig saß und zeichnete.

Ich nahm das als weiteres Indiz, dass ich mir als Künstler allmählich einen Namen machte. Sogar im Radio sprach man über mich. Alles schien sich wie erhofft zu entwickeln.

Ich habe in meinen ganzen Leben nicht härter gearbeitet als im Frühjahr 2013. Ich produzierte High-Street- und George-Zeichnungen so schnell, wie es mir möglich war, und verkaufte sie an Passanten, um den Lebensunterhalt für mich und George zu verdienen, dann tauchte Carina auf und scheuchte mich aufs Dach, um an der Zeichnung für die Ausstellung weiterzuarbeiten. Wenn es dunkel wurde, konnte ich vor Erschöpfung nicht mehr geradeaus sehen, die Finger taten mir weh, aber die Arbeit und das Wissen, etwas Sinnvolles geleistet zu haben, gaben mir ein verdammt gutes Gefühl.

Als ich als arbeitsloser Teenager ohne Zukunftsperspektive herumhing, hatte ich nicht eingesehen, warum ich schuften sollte, wenn ich einen Großteil meines hart verdienten Lohns wieder an die Steuer abgeben sollte. Jetzt hatte sich meine Einstellung vollkommen gewandelt. Ich erfuhr, wie erfüllend es sein konnte, wenn man einer ehrlichen, produktiven Arbeit nachging.

Les lud mich manchmal zum Abendessen ein, und ich quatschte ihm die Ohren voll und jammerte, wie hart ich zu schuften hatte.

»Ich hab nicht das geringste Mitleid mit dir«, entgegnete er. »Mach weiter so. Es ist schon richtig, was du tust.« George saß daneben und nickte nur, und nachdem wir gegessen hatten, griff ich wieder zum Stift und zeichnete weitere George-Bilder, während wir plauderten und George auf dem Boden pennte.

Griff konnte es kaum erwarten, vom Skyline-Bild Kopien anzufertigen und diese an die Streetart-Künstler zu schicken. Jeden Tag kam er vorbei und vergewisserte sich der Fortschritte. »Ich nehme mir die Zeit, die nötig ist«, sagte ich zu ihm. »Mach dir keine Sorgen. Es wird schon.«

Aber Griff machte sich Sorgen, so sehr, dass er beschloss, die Ausstellung auf September zu verschieben. Dadurch blieb nicht nur für mich mehr Zeit für die gewünschten Zeichnungen von der High-Street und von George, er gewann auch Zeit für die »Collabs«, die ihm von den Künstlern weltweit zurückgeschickt wurden.

Das Kunstgeschäft war für mich eine ganz neue Welt, daher lauschte ich aufmerksam, wenn Griff mir erzählte, wie er die Künstler für sein Projekt gewinnen wollte. Manche der ihm bekannten Leute waren bereit zu helfen und hatten auch schon – wie Stik und Thierry – ihr Interesse bekundet, andere benötigten mehr Überzeugungskraft, entweder weil sie sich ungern an Gemeinschaftsprojekten beteiligten oder weil sie ungeheuer beschäftigt und nur schwer zu kontaktieren waren. Griff kannte viele der großen Namen und würde viele der berühmten Künstler auf den Festivals treffen, die er im Mai und Juni organisierte, aber er wollte die Sache schon vorher anleiern.

»ROA ist in der Stadt«, sagte er. »Ich hab ihm eine große Wand an der Bethnal Green Road organisiert, gleich hinter dem KFC. Ich will, dass du dich mit ihm triffst, bring ihm ein Reklametafel-Bild mit, erklär ihm das Konzept und frag ihn, ob er mitmachen möchte.«

Griff hatte mir viel über ROA erzählt, und ich war starr vor Angst bei der Vorstellung, mich mit jemandem seines Formats zu treffen.

»ROA? Der Typ mit den großen monochromen Tieren und Vögeln? Der den riesigen Igel in der Chance Street gemacht hat?«

»Ja, John.«

»Aber der ist eine Legende.«

»Ja. Außerdem ist er einer von den Künstlern, die null Kompromisse eingehen.«

»Was soll das heißen?«

»Er macht nichts, was er nicht will.«

Ich fühlte mich so klein mit Hut, aber Griff erklärte, die Chance, ROA zur Mitarbeit zu bewegen, stünden sehr viel besser, wenn ich ihn persönlich träfe und ihm erzählte, was ich mache. Ich sollte die Zeichnung mitbringen, damit ROA sich gleich entscheiden konnte, ob er sich darauf einlassen wollte.

Mir kam das alles zu aufdringlich vor, aber Griff ließ nicht locker.

»Du triffst dich mit mir am Donnerstag, und ich stelle dich vor«, sagte er.

Widerstrebend sagte ich zu. Griff hatte einen Reporter von *Metro* aufgetan, der ROA interviewen sollte, und ihm gesagt: »Sie können hier die beiden Enden des Spektrums kennenlernen. ROA, den Superstar der Szene, und John Dolan, der immer noch auf der Straße lebt.«

Ich war ein einziges Nervenbündel, als ich mich mit George

zur Bethnal Green Road aufmachte. Es regnete in Strömen, und den ganzen Weg dorthin hätte ich am liebsten schnurstracks kehrtgemacht.

Griff erwartete uns bereits mit seiner Assistentin Carina und dem Künstler Christiaan Nagel, der durch seine weltweit an ziemlich abgefahrenen Stellen installierten Pilzskulpturen bekannt geworden war.

»Okay, ROA redet noch mit dem *Metro*-Reporter«, sagte Griff, während er uns durch die Gasse führte. »John, geh einfach auf ihn zu und sprich mit ihm, wenn sich die Gelegenheit dazu bietet.«

Ehrfürchtig sah ich zu ROA. Wir standen noch ein paar Minuten herum, bis das Interview beendet war, dann machte Griff irgendwelche komischen Sachen mit seinen Augenbrauen und zeigte mit dem Kopf in ROAs Richtung, der gerade in ein Sandwich biss. »Jetzt, deine Chance«, sagte Griff. »Los, red mit ihm.«

Ich atmete tief durch, ging zögernd auf ROA zu und stellte mich vor. Der *Metro*-Typ war noch da und begriff, dass jetzt das »zweite Ende des Spektrums« angeschlurft kam. Er stellte mir ein paar Fragen, die dazu beitrugen, das Eis zu brechen, und auch George mischte sich ein, als er sehnsüchtig ROAs Sandwich anbeamte. Dann wurde ein Foto gemacht, das den Augenblick ziemlich gut einfing. Ich hatte Stift und ein Blatt Papier in den Händen und zeichnete ein Gebäude, ROA aß sein Sandwich, und George schmachtete das Essen an. Ein klasse Bild.

Trotzdem war ich unheimlich nervös, als ich ROA fragen sollte, ob er sich an meiner Arbeit beteiligen wollte, außerdem spürte ich, dass er wieder zu seinem Wandgemälde zurückwollte.

»Bist du morgen wieder hier?«, fragte ich und beschloss, die Sache erst mal abzublasen.

»Ja«, antwortete er.

»Ist es okay, wenn ich noch mal komme?«

»Klar, kein Problem.«

Am nächsten Tag fand ich ihn allein vor. Er hörte Musik, während er hoch oben in einer Hubarbeitsbühne stand. Fasziniert sah ich zu, wie er mit seiner Sprühdose hantierte, und wartete, bis ich erneut mit ihm reden konnte.

Schließlich verließ er die Arbeitsbühne und stieg die Stufen zum Dach nebenan hinauf, um die Fortschritte an seinem Werk zu begutachten. Wäre Griff dagewesen, hätte er mich sicherlich jetzt dazu gedrängt, mit ihm zu reden – also sprach ich ihn an.

ROA hörte auf seinem Handy Grime. Da ich ebenfalls ein großer Grime-Fan bin, kamen wir ins Gespräch, und letztlich plauderten wir zwei Stunden lang sehr entspannt, wobei ich die ganze Zeit wusste, dass ich nun endlich den Mut aufbringen musste, mit ihm über meine Arbeit zu reden.

Schließlich wagte ich es, erklärte Griffs ursprüngliche Idee, wonach Streetart-Künstler die leere Reklametafel in der Zeichnung gestalten sollten, erläuterte, wie sich die Idee weiterentwickelt hatte und ich mittlerweile an einer Zeichnung der Skyline arbeitete, sodass den Künstlern jetzt die Village Underground Wall zur Verfügung stand.

»Ich nehme nicht an, dass du vielleicht auch an einer mitarbeiten möchtest, oder?«, fragte ich.

»Klar«, sagte er einfach so. »Kein Problem.«

Der ganze Stress, den ich mir gemacht hatte, war völlig umsonst gewesen! Er war ein netter Typ und keineswegs jemand, vor dem man Angst haben musste. Ich dankte ihm, blieb noch eine Weile, und als ich schließlich vom Dach stieg, steckte ich ihm noch eine der Reklametafel-Zeichnungen in seine Tasche und kreuzte die Finger.

ROAs Wandgemälde war eine großartige Arbeit aus ineinander verschlungenen Tier- und Vogelleibern, die für riesiges Aufsehen sorgte. In der darauffolgenden Woche erschien der *Me-*

tro-Artikel, in dem ich zu meinem Erstaunen ebenfalls erwähnt wurde. Das hatte ich wirklich nicht erwartet. Ich war völlig von den Socken, nicht zuletzt deshalb, weil im selben Artikel auch noch Banksy angeführt wurde. »Verdammte Hacke«, dachte ich und sah ungläubig zu George. »Ich werde in einer Londoner Zeitung in einem Atemzug mit ROA und Banksy genannt!«

Zu diesem Zeitpunkt war mein Vertrauen in Griff grenzenlos, und ich bewunderte seinen Eifer und seine Entschlossenheit. Wenn er mich auf diese Weise in die *Metro* bringen konnte, dann war wirklich alles möglich. Er war nach wie vor auf der Suche nach geeigneten Räumen für die Ausstellung, auch musste der Termin noch festgelegt werden, aber die Ausstellung würde kommen. Dass ich meinen Namen gedruckt vor mir sah, war für mich Beweis, dass Großes bevorstand. Ich war überzeugt, es würde nicht einfach nur eine Ausstellung werden, sondern ein Mega-Event mit mir als zentraler Gestalt, die es mit ihrer Kunst schaffte, andere Obdachlose zu inspirieren.

»Kannst du Bruce Springsteen zur Ausstellung einfliegen lassen?«, fragte ich nur halb im Spaß. In meinen Augen hatte Griff die besten Kontakte in ganz London und konnte überall nach Lust und Laune die Fäden ziehen.

Griff kriegte sich gar nicht wieder ein vor Lachen. Heute verstehe ich es, weil ich inzwischen weiß, dass er auch nur ein ganz gewöhnlicher Mensch ist.

An dem Tag, an dem der *Metro*-Artikel erschien, rief ich meine Schwester Jackie an. Seitdem ich in Shoreditch wohnte, hatte ich sie über mich auf dem Laufenden gehalten und sie etwa alle halbe Jahr angerufen. Ich erzählte ihr, dass ich mit George auf dem Bürgersteig saß und der Hund einen Becher vor sich stehen hatte. Ich hatte keinen Hehl daraus gemacht, weil sich solche Dinge im East End in Windeseile herumsprechen und ich nicht wollte, dass sie es von jemand anderem hörte.

»Lies die *Metro*«, sagte ich ihr. »Ich werde in einem Artikel mit Banksy erwähnt.«

»Wirklich?«, entfuhr es ihr. »Im Ernst?«

Ich hatte eine Bitte an sie, für die mir jetzt der richtige Zeitpunkt zu sein schien.

»Jackie, es würde mich freuen, wenn du zur Vernissage kommen würdest. Im Moment wird in Shoreditch einiger Wirbel um mich veranstaltet. Du musst unbedingt kommen!«

Ich erzählte ihr von der Ausstellung und wie wichtig es mir sei, dass sie ebenfalls da wäre.

»Ich habe mich die ganzen Jahre von der Familie ferngehalten«, sagte ich. »Aber jetzt bin ich wieder bereit für sie. Es ist meine Art, mich für alles zu entschuldigen, und ich will alles tun, damit du wieder stolz auf deinen kleinen Bruder sein kannst.«

»Tja, John, wurde aber auch allmählich Zeit!«, witzelte Jackie. Vielleicht wusste sie einfach nicht, was sie sonst sagen sollte – schließlich war das alles doch sehr viel verlangt, nachdem wir uns so lange nicht mehr gesehen hatten. Es war das erste Mal in meinem Leben, dass ich ihr am Telefon etwas Positives mitzuteilen hatte. In ihren Ohren musste alles aber ganz und gar unwahrscheinlich geklungen haben. Konnte es wirklich sein, dass aus dem Dieb und Junkie ein echter Künstler geworden war, der eine Einzelausstellung in London bekam?

Ich erkundigte mich nach David und Malcolm und sagte ihr, dass ich sie ebenfalls gern zur Ausstellung einladen würde. »Bitte überrede sie zu kommen, Jack! Es ist mir sehr wichtig.«

Ich brachte die arme Jackie richtig in Verlegenheit. »Ich kann es nicht versprechen«, sagte sie. »Ich weiß nur, dass David und Malcolm beruflich viel um die Ohren haben …«

Keine Frage, sie war nach wie vor äußerst skeptisch, ob die Ausstellung auch wirklich stattfinden würde. Außerdem konnte sie natürlich nicht für David und Malcolm sprechen.

»Halt mich auf dem Laufenden«, sagte sie noch, bevor wir uns verabschiedeten. »Gib Bescheid, wenn es so weit ist. Alles Gute, John.«

»Mach ich«, sagte ich. »Ich kann es kaum erwarten.«

20

Ich wollte, dass unsere Ausstellung ein Erfolg wurde. Das war mir unendlich wichtig, und die Tatsache, dass ich mich im strömenden Regen mit ROA getroffen hatte, obwohl ich nicht die geringste Lust dazu gehabt hatte, machte Griff deutlich, wie ernst mir die Sache war. Er wurde immer zuversichtlicher, was unser gemeinsames Projekt betraf. Immer häufiger wachte ich früh am Morgen auf und konnte an nichts anderes als die Ausstellung denken.

Sieben Wochen harte Arbeit waren nötig, um die Skyline-Zeichnung zu vollenden, schließlich aber war es soweit. Es war zweifellos die beste Zeichnung, die ich bislang angefertigt hatte. Im Mai hielt sich Griff auf dem von ihm organisierten Streetart-Festival in Dulwich auf, zu dem er einen dicken Packen von den Skyline-Drucken mitnahm. Ich blieb in der High Street, zeichnete jeden Tag ununterbrochen, produzierte die restlichen Arbeiten für die Ausstellung und verdiente etwas nebenher, damit George und ich was zum Leben hatten.

Oft war ich so in meine Arbeit vertieft, dass sie etwas Meditatives bekam. George saß ruhig neben mir, ich arbeitete still vor mich hin, bemerkte weder, wie die Zeit verging, noch die Passanten auf der Straße, solange sie mich nicht ansprachen.

Stik kam gelegentlich vorbei und ließ sich bei uns nieder. Auch er kannte die Obdachlosigkeit, und wir hatten vieles gemeinsam. Wir standen am Anfang einer echten Freundschaft. Er sprach mir viel Mut zu, bestätigte mir Talent und gönnte mir jeden Erfolg. Dafür war ich ihm unendlich dankbar. Ich brauchte es, dass mir das jemand gelegentlich sagte.

Trotz aller Aufregung und der Energie, die ich aus allem zog, gab es immer wieder Momente, in denen meine Depression ihr hässliches Haupt erhob und mir den einen oder anderen Schlag verpasste, mich vor allem aber daran erinnerte, dass sie mich nie verlassen hatte. Das ist das Schlimme, wenn man unter psychischen Problemen leidet. Ich war nicht einfach nur niedergeschlagen oder schlecht drauf; meine Depression ist eine Krankheit, über deren Kommen und Gehen ich keinerlei Einfluss habe. Und wenn sie mir einen Besuch abstattete, warf sie mich in eine extrem pessimistische Stimmung.

»Was, wenn das alles nur ein Strohfeuer ist«, sagte ich eines Tages zu Stik.

»Nein, ist es nicht, John. Du darfst nur nicht aufhören, an dich zu glauben.« Er leitete mich an, motivierte mich, und es half.

Und wie immer war auch George ein steter Quell der Aufmunterung. Er war mein Talisman, und manchmal schaute ich ihn nur an und rief mir ins Gedächtnis, was für einen weiten Weg ich seit unserer ersten Begegnung zurückgelegt hatte. Damals war ich ein totales Wrack gewesen, und wo standen wir jetzt? Insgeheim wusste ich, dass die Ausstellung ein Erfolg werden würde – aber egal, was noch geschah, ich machte mir immer wieder bewusst, wie viel ich dank George bereits jetzt in meinem Leben erreicht hatte.

»Du vermaledeiter Mistbock«, nannte ich ihn oft, wobei es keine so große Rolle spielte, ob er gerade mal wieder versuchte, sich etwas zum Fressen zu klauen, oder ganz vorbildlich zusammengerollt auf dem Boden lag, während ich zeichnete. »Du bist ein vermaledeiter Mistbock, weißt du das?«, sagte ich, und er sah mich mit diesen Augen an, die zu sagen schienen: »Man muss schon selbst einer sein, um so einen zu erkennen.« Wir beide waren zwei verlorene Seelen, die sich gefunden hatten und jetzt auf ewig aneinandergebunden waren. Egal, was nach der Ausstellung passieren würde, ich wusste, ich würde weiter zeichnen und mir auf ehrliche Art und Weise den Lebensunterhalt verdienen, ich würde nie mehr in den Knast gehen, weil ich George an meiner Seite hatte, der mich auf der richtigen Spur hielt.

Die einzige dunkle Wolke, die über mir schwebte und alles bedrohte, war mein Drogenproblem. Ich hatte es immer noch nicht geschafft, die Sucht zu überwinden. Ich hatte herausgefunden, welche Hilfsprogramme es gab und wo ich sie bekommen konnte. Ich hatte Griff versprochen, es bis zur Ausstellung hinter mich zu bringen, aber dieses Versprechen war nicht leicht zu halten. Ich hatte immer noch nicht den Mut gefunden, zum Arzt zu gehen, weil ich wusste, wie schwierig das alles unter dem Stress der anstehenden Ausstellung und der noch fertigzustellenden Arbeiten werden würde.

Ich redete mir ein, ich müsste es vor der Ausstellung schaffen – das wurde zum alles bestimmenden Ziel in meinem Leben. Ich war es Griff schuldig und allen, die mit mir arbeiteten und an mich glaubten. Der Erfolg und die positiven Reaktionen, die Griff in Dulwich bekam, waren ein Grund mehr. Ich musste daran glauben, dass ich, nachdem ich schon so weit gekommen war, auch noch den letzten Schritt tun und endlich clean werden konnte.

Da das Feedback zu den Collabs so gut ausgefallen war, kamen Griff und ROA auf die Idee, dass die Künstler neben der Village

Underground Wall auch andere Teile der Stadtlandschaft nach Lust und Laune gestalten könnten.

»Wir sollten dabei aber die realen Gegebenheiten berücksichtigen«, erklärte er mir am Telefon, »und vorschlagen, dass nur die Stellen bemalt werden dürfen, die auch im richtigen Leben bemalt werden könnten. Was meinst du?«

»Schon kapiert, Schickimicki-Boy«, sagte ich launig. »Du meinst also, nur die Mauern und die Waggons der Züge, so, als würden die Jungs richtig auf der Straße malen?«

»Genau. Als wäre es fantastische Streetart.«

»Klingt gut. Gefällt mir. Reale Gegebenheiten, ja, ja? Was meinst du, George?«

George sah mich mit ausdrucksloser Miene an. Griff bestimmte, wo es langging, und ich hatte zur Abwechslung nichts dagegen. Ich war froh, ihm diesen Teil der Arbeit überlassen zu können. Zu diesem Zeitpunkt hatte ich genügend über ihn gehört und gesehen, um zu wissen, dass ich mich wirklich auf ihn verlassen konnte. Thierry Noir nahm mit Griff am Festival in Dulwich teil, und nach unserem Treffen im Café wusste er Bescheid und hatte seine Mitarbeit zugesichert. Er war dann auch der erste Künstler, der seinen Namen auf meine Skyline-Zeichnung setzte und sie ausgestaltete. Ich war ihm sehr dankbar, denn damit kam es zu einer Art Schneeballeffekt.

»Nimm dir neben der VU-Wand die stillen Ecken und Schlupfwinkel vor, wie du es im wirklichen Leben sonst auch machst«, sagte Griff zu Thierry, der dem Vorschlag gern nachkam.

Er bemalte die VU-Wand mit seinen klassischen, schwarz umrissenen knallroten Gesichtern und fügte zwei kleinere auf einem Plakat und auf einem Lieferwagen unter dem Eisenbahngleis hinzu.

Während des Festivals wohnten neben Thierry auch viele weitere Streetart-Künstler mit Griff in einem Haus in Dulwich, unter ihnen ROA, RUN aus Italien und Liqen aus Spanien. Griff legte Thierrys Arbeit auf einem Tisch aus, damit alle sie sehen konnten, und irgendwann warf ROA einen Blick darauf.

ROA hatte mit der Reklametafel-Zeichnung, die ich ihm in der Bethnal Green Road zugesteckt hatte, nie etwas gemacht, aber offensichtlich erinnerte er sich an mich und war nach wie vor interessiert an der Idee und Thierrys Arbeit.

ROAs Input ließ alle anderen aufhorchen, denn die anderen Künstler wussten, dass er sich nur für interessante Projekte engagierte. Eines Abends setzte er sich an den Tisch und zeichnete einen Vogel auf die Eisenbahnbrücke. Diese kleine Zeichnung brachte das Projekt dann endgültig ins Rollen, und nach ROA kamen auch die anderen in das Haus in Dulwich: Liqen zum Beispiel fügte einen großen Gott in den Wolken ein. Griff hatte mittlerweile Dutzende von Drucken an andere Künstler geschickt. Manche hatten bereits gemäß der ursprünglichen Vorgabe ihren Beitrag eingefügt, aber nachdem Griff die brillanten Arbeiten von ROA und Liqen sah, ermunterte er andere, mit der Vorlage ganz nach Belieben zu verfahren.

Stik reichte sehr früh seinen Beitrag ein, ein riesiges gelbes Strichmännchen, das den gesamten Broadgate Tower einnahm. RUN, Dscreet, BRK und Malarky interpretierten das Konzept auf ihre ganz eigene, innovative Weise. Manche Künstler arbeiteten sogar an einem Bild zusammen, was ich überhaupt nicht erwartet hatte. Das Ganze war einfach der Wahnsinn. Der charakteristische Stil jedes einzelnen Künstlers verlieh jeder Collab etwas Einzigartiges. Ich war dankbar und gerührt, wie die anderen auf meine Arbeit reagierten. Immer mehr Stücke trafen ein, und Griff trommelte für die Ausstellung, indem er seinen Kunden einige der Collabs bei einem sogenannten »Vorverkauf« anbot. Das alles war neu für mich, ich ließ Griff machen und hoffte das Beste. Ich hatte in der Skyline-Zeichnung einen winzigen

George eingefügt, was ich mittlerweile bei allen meinen Arbeiten tat, in der festen Überzeugung, dass mir das Glück bringen würde. Sicher würde die Ausstellung ein Erfolg und sämtliche Zeichnungen verkauft werden – ich hatte es einfach im Gefühl.

In den nächsten Wochen trafen aus der ganzen Welt weitere Collabs ein. Mindestens ein- bis zweimal in der Woche kam ein Fedex-Bote mit einer Versandrolle in Griffs Büro, und Griff holte mich von der High Street zur »Enthüllung«. Es war ungeheuer aufregend, die neue Collab auszupacken und zu sehen, was der jeweilige Künstler aus meiner Zeichnung gemacht hatte. George und ich ließen uns dann mit jedem Stück fotografieren, um den Moment zu dokumentieren.

Mittlerweile lernte ich immer mehr Künstler kennen. Eines Tages kam Rowdy, ein alter Kumpel von Banksy, ins Atelier und malte ein Krokodil auf die Zuggleise, später machte er daraus eine ausgefeilte, sehr bunte und unglaublich detailreiche Nachtszene. Das Ergebnis war erstaunlich. »Ich habe Griff immer gesagt, jemand sollte sich mal trauen und den Himmel und das ganze Bild bemalen – und du hast es gemacht!«, erzählte ich ihm. Ich war begeistert. Ebenso gefiel mir Cityzen Kanes riesiger blattgoldverzierter Hindu-Gott; es ist immer noch eines meiner Lieblingsstücke.

Manche Künstler verlangten einen kleinen Prozentsatz vom Verkaufspreis, die meisten aber arbeiteten umsonst, weil sie wussten, wie es ist, wenn man sich in meiner Lage befindet – wenn man aus dem Nichts kommt und sich erst langsam einen Ruf aufbauen muss.

Griff tat sein Bestes, um Treffen mit mir bislang nicht bekannten internationalen Künstlern zu arrangieren, wenn sie sich in der Stadt aufhielten. Es war jedes Mal aufregend, ihnen vorgestellt zu werden, und mit jedem neuen Kontakt hatte ich das Gefühl, ihnen wieder einen Schritt näher gekommen zu sein. Aber so belebend das auch alles war, ich war nicht gegen die Unsicherheit gefeit, die sich relativ häufig bei mir einstellte, und dann fühlte es sich an, als würde ich noch mit einem Bein in der Vergangenheit stehen und mit dem anderen schon in der Zukunft.

Manchmal war es wie früher, ich saß mit George und seinem Becher auf der Straße und kam mir wie ein Bettler vor. Ich verkaufte jetzt viele Bilder, weil mein Bekanntheitsgrad ständig zunahm, dennoch gab es immer wieder Phasen, in denen ich über Stunden hinweg nicht einen Penny einnahm – so ist das nun mal auf der Straße. In den ruhigeren Zeiten litt ich unter Depressionsschüben und fürchtete, wieder dorthin zurückzukehren, wo ich angefangen hatte. Es war irrational, denn im Grunde wusste ich bereits, dass die Ausstellung ein Erfolg werden würde. Trotzdem ließ sich diese Angst nicht abschütteln.

Und dann gab es wieder Hochphasen, in denen ich mich als richtiger Künstler fühlte. Leute drängten sich um mich und sahen mir beim Zeichnen zu, oder Griff war am Telefon und scheuchte mich in sein Büro, weil der Fedex-Bote wieder eine Rolle aus Madrid oder New York gebracht hatte.

Beunruhigend war nur, dass keine dieser beiden Versionen meines Ichs über einen längeren Zeitraum die Oberhand gewann. Stattdessen lebte ich in einem ständigen Wechselbad der Gefühle. Sagte ich den Leuten, ich würde die Kunstwelt im Sturm erobern, hörte ich gleichzeitig eine leise Stimme im Hintergrund raunen: »Hoffentlich redest du hier nicht bloß einen Haufen Bockmist.«

Manchmal ging ich mit George um den Block oder zum Blumenmarkt, um den Kopf freizubekommen und die Dinge wieder etwas vernünftiger zu sehen. »In was zum Teufel habe ich mich da reingeritten?«, dachte ich. »Was, wenn ich wirklich berühmt werden sollte? Ich will nicht berühmt werden!« Nur George machte so weiter wie bisher, durchwühlte nach wie vor die Abfalleimer nach Essen und ging bei Fuß, wenn ich es ihm sagte. Es hatte etwas Beruhigendes, wenn ich ihn so sah; nicht alles in meinem Leben hatte sich verändert, ich hatte etwas, worauf ich mich verlassen konnte, nämlich meinen besten Freund George.

In dieser Zeit trudelte ein Brief von der Stadtverwaltung bei mir ein. An dem Tag fühlte ich mich wieder ganz wie der alte John Dolan – der Vollidiot. In dem Schreiben ging es um die Forderung von 800 Pfund Mietrückständen. Ich hatte den gesamten Betrag innerhalb einer Woche zu begleichen, oder ich würde die Wohnung räumen müssen. Nur hatte ich das Geld nicht.

Ich hatte völlig aus den Augen verloren, dass ich auch andere Verpflichtungen hatte, nachdem ich nur noch auf meine Werke für die Ausstellung fixiert war. An manchen Tagen wies ich sogar ziemlich brüsk Passanten zurück, die mir Zeichnungen abkaufen wollten. Griff drängte mich mittlerweile, einige große Gebäudeansichten zu zeichnen, die charakteristisch waren für die Gegend; daneben hatte ich noch nicht mal die Hälfte der versprochenen fünfzig George- und fünfzig High-Street-Zeichnungen fertig.

Ich geriet in Panik. Wenn ich nur daran dachte, dass man mich aus der Wohnung werfen könnte, wurde mir übel. Drei Jahre lang war sie für George und mich ein Zuhause gewesen, und die Aussicht, in meinem Alter wieder ohne feste Bleibe dazustehen, war ganz und gar unerträglich. Ich war jetzt über vierzig, viel zu alt, um erneut auf der Straße zu leben. Ich konnte es einfach nicht fassen, dass ich mich gerade jetzt, als sich alles zum Besseren zu wenden schien, wieder so in die Scheiße manövriert hatte.

Trotzdem wollte ich auch nicht Griff um die 900 Pfund bitten, die er für mich in seinem Büro aufbewahrte, obwohl das natürlich das Einfachste gewesen wäre. Es ging um meinen Stolz. Ich wollte nicht in die Verlegenheit kommen, ihm erklären zu müssen, dass ich meine Wohnung zu verlieren drohte; ich konnte es einfach nicht über mich bringen, bettelnd bei ihm aufzukreuzen, nicht jetzt und schon gar nicht nach allem, was er für mich getan hatte.

21

Ich atmete also tief durch und nahm mir vor, durch den Verkauf von Bildern auf der High Street meine Schulden zu begleichen. Früher hätten mir dazu die Entschlossenheit und der Antrieb gefehlt, aber die Dinge hatten sich geändert. Ich stand an einem Wendepunkt in meinem Leben und hatte die Wahl: untergehen oder schwimmen. Ich wusste, wenn ich mich zusammenriss, konnte ich das Geld für die Miete in wenigen Tagen verdienen. Leute hatten angefragt, ob ich ihnen die großen Gebäudezeichnungen verkaufen würde, an denen ich für die Ausstellung arbeitete, und ich wusste, dass ich dafür einige hundert Pfund verlangen konnte. Allerdings sollten es nicht diejenigen sein, die ich für die Ausstellung vorgesehen hatte – das wäre Griff gegenüber nicht fair gewesen –, also beschloss ich, die Arbeiten für die Ausstellung vorübergehend zurückzustellen und mehr George- und Gebäudezeichnungen anzufertigen, um sie an die Passanten zu verkaufen.

Ich gönnte mir in den vier Tagen, an denen ich auf dem eiskalten Bürgersteig saß, kaum eine Pause, und obwohl ich mir dabei fast den Tod holte, schaffte ich es. Es gelang mir tatsächlich, genügend Geld einzunehmen, um meine Schulden bei der Stadt zu bezahlen und zu verhindern, dass wir unser Zuhause verloren.

Mehr als je zuvor hatte ich das Gefühl, etwas geleistet zu haben. Ich war nicht auf fremde Hilfe angewiesen, ich konnte mich selbst aus einer misslichen Lage befreien. Wenn George zu meinem Retter geworden war, dann war es jetzt mein Talent gewesen, dass uns beide gerettet hatte. Ich wollte ein für alle Mal dafür sorgen, dass wir nie mehr in eine ähnliche Situation gerieten. Ich zeichnete weiter, konzentrierte mich auf die Arbeiten für die Ausstellung und war dankbar für jede Münze, die Passanten in Georges Becher warfen. Denn das war das Geld, von dem wir in der Zwischenzeit leben mussten.

Und deshalb saß ich an dem schicksalshaften Tag auf der Straße, als Griff auf mich zukam und erzählte, er habe im Vorverkauf fünf der Collabs für ungeheuerliche 15 000 Pfund verkauft. Es war ein einschneidender Moment in meinem Leben, einer, den ich nie vergessen werde.

Natürlich lag das Geld noch nicht auf dem Konto, erst mussten die Rechnungen verschickt werden, aber das spielte keine Rolle. Es lag mir nicht so viel daran, das Geld in den Händen zu halten, sehr viel wichtiger war, was es für mich bedeutete. Der große Erfolg im Vorverkauf bewies, dass sich meine Hoffnungen und Träume der vergangenen Monate erfüllen würden.

Ich erzählte keiner Seele von dem Geld außer meiner Schwester Jackie, weil ich sie überreden wollte, zur Ausstellung zu kommen. Ich bin mir nicht sicher, ob sie mir auch nur ein Wort glaubte, aber das war mir egal.

»Dieser Griff, ist der in Ordnung?«, fragte sie argwöhnisch, nachdem ich ihr vom Vorverkauf erzählt hatte. »Kannst du ihm trauen?«

»Ja, kann ich, Jack. Keine Sorge. Versprich mir nur, dass du zur Ausstellung kommst.«

»Gut, John. Ich tue mein Bestes.«

»Versprich mir, dass du David und Malcolm und ihre Familien mitbringst. Ich will alle hierhaben.«

»Ich werde es versuchen, aber wie gesagt, sie haben im Moment viel um die Ohren.«

Ich war immer noch skeptisch, ob sie mir glaubte. Und ich konnte es ihr nicht übel nehmen. Die folgenden Monate bis zur Vernissage vergingen wie im Flug. Ich zeichnete rund um die Uhr, wie eine Maschine, und jeden Tag berichtete Griff von weiteren Künstlern, die ihre Arbeiten zurückgeschickt hatten. »Okay, bislang haben wir Steve ESPO Powers, Zomby, Pablo Delgado, Mad C, Flying Förtress, CEPT, Gaia und C215 mit im Boot«, zählte er auf. Jeden Tag bekam ich neue Namen zu hören.

Griff hatte in seinem Atelier eine Unmenge Bücher über Streetart stehen. In ihnen blätterte ich jede freie Minute, wollte die verschiedenen Namen kennenlernen und erfahren, wofür sie standen. Ich musste mich ranhalten, den am Ende hatten wir die Beiträge von fast vierzig Künstlern.

Wir brauchten geeignete Räumlichkeiten für die Ausstellung, und nach monatelanger Suche kamen Griff und sein Team mit den Leuten ins Gespräch, die Shoreditch High Street 189 sanierten, das Gebäude gleich neben dem alten Ledergeschäft. Eine wunderbare Fügung des Schicksals. Sie kannten mich, da sie mich ja jeden Tag auf der gegenüberliegenden Straßenseite vor dem Schaltkasten hatten sitzen sehen, und waren liebend gern bereit, uns das Erdgeschoss zur Verfügung zu stellen, während sie in den oberen Geschossen mit den Renovierungsarbeiten weitermachen konnten. Ihnen gefielen meine Sachen, einer von ihnen hatte mir sogar mal eine Zeichnung abgekauft.

Als ich das Gebäude drei Jahre zuvor zum ersten Mal gezeichnet hatte, war es für mich eine mit Brettern vernagelte Bruchbude gewesen, die Vorlage für meine Skizzen, an denen ich üben wollte, bis ich mich in Hampstead an den schickeren Häusern versuchen konnte. Hätte mir damals jemand gesagt, dass ich da drinnen einmal eine eigene Ausstellung bekommen würde, hätte ich ihn für verrückt erklärt. Aber jetzt stand ich kurz davor, in Shoreditch High Street 189 meine Zeichnungen der Öffentlichkeit zu präsentieren.

An dem Gebäude wirkte vieles noch unfertig und roh, es war ja im Grunde noch eine Baustelle, aber das schreckte uns nicht. Im Gegenteil, es verlieh allem einen besonderen Reiz und passte hervorragend zu meinem Image und meinen Arbeiten. Griff hängte draußen ein Schild mit der Aufschrift »Howard Griffin Gallery« auf und ließ einen Flyer drucken, um die Ausstellung anzukündigen. Die Vernissage wurde für den 19. September 2013, 19.30 Uhr, festgesetzt. Ich konnte es kaum erwarten.

22

Wir gaben der Ausstellung den Namen »George der Hund, John der Künstler«.

Das war auf meinem Mist gewachsen; er erschien mir passend. Auf der einen Seite des Flyers waren Thierry Noirs und ROAs Collabs abgedruckt, auf der anderen ein Bild von mir, wie ich zeichnend auf dem Bürgersteig sitze, neben mir George in seiner Jacke und vor ihm ein Pappbecher, der in einer Klebebandrolle steckte.

»Gut möglich, dass Sie John Dolan nicht kennen, aber er ist der bekannteste Künstler von East London«, lautete die Bildunterschrift. »Dolan sitzt Tag für Tag mit seinem Hund George in der Shoreditch High Street, zeichnet die Gebäude in der Umgebung und schafft einzigartige Ansichten vom sich ständig wandelnden Shoreditch.«

Aufgeführt waren daneben einige Streetart-Künstler, die zu den Collabs beigetragen hatten, und das Ganze endete mit dem Satz: »Durch die unmittelbare Bearbeitung der gezeichneten Mauern und Gebäude in Dolans Stadtansicht haben diese Künstler höchst originäre Werke geschaffen; entstanden ist dadurch eine Chronik des Beständigen wie des Flüchtigen in einer Stadt, die einem permanenten Wandel ausgesetzt ist.«

»Heilige Scheiße«, entfuhr es mir, als ich das zum ersten Mal las. »Klingt ja, als wäre dieser Dolan eine ganz große Nummer. Kennst du den zufällig?«

»Ich habe nicht den leisesten Schimmer«, brachte Georges Miene zum Ausdruck. »Für mich klingt es aber eher danach, als wäre er ein ziemlicher Stümper.«

Griff hatte wunderbare Arbeit geleistet, und als ich jetzt den Flyer in der Hand hielt, fühlte sich alles plötzlich sehr real an. Jetzt mussten wir nur noch dafür sorgen, dass auch Leute zur Ausstellung kamen. Ich begann während des Zeichnens Flyer an die Passanten in der High Street zu verteilen. Viele unterhielten sich mit mir oder wünschten mir alles Gute, manche baten mich auch, ihnen auf dem Flyer ein Autogramm zu geben. Viele von ihnen hatten mich seit Jahren hier sitzen sehen und meinen Weg als Künstler mitverfolgt.

»Wird das Stück, an dem du gerade arbeitest, auch zum Verkauf angeboten?«, fragten einige. Ihnen gefiel, dass sie sahen, wie ich gerade ein Werk für die Ausstellung schuf. Meine Kunst kam im wahrsten Sinn des Wortes von der Straße.

An einem Abend überreichte ich auch Gilbert & George einen Flyer, als sie pünktlich zu ihrer üblichen Stunde vorbeikamen, und als sie weitergingen, rief ich ihnen hinterher: »Würde mich freuen, wenn Sie kommen, aber ich sehe es Ihnen auch nach, wenn Sie es nicht schaffen sollten!«

Sie erschienen nicht, und im Nachhinein war ich ganz froh darum, denn sie hätten uns allen bestimmt die Show gestohlen.

Wir brauchten Helfer, um die viertausend gedruckten Flyer zu verteilen, deshalb heuerte ich meinen Freund Gary Rixon an. Er hatte wegen seiner Alkoholsucht harte Zeiten hinter sich und genau wie ich den Kontakt zu seiner Familie verloren, also wollte ich ihm helfen. Da ich Garys Vater kannte, rief ich ihn an und lud ihn zur Ausstellung ein, damit sich Gary mit seiner Familie wieder aussöhnen konnte – so wie auch ich auf ein Wiedersehen mit meiner Familie hoffte.

»Ich weiß, dass Gary in seinem gegenwärtigen Zustand mit nichts und niemandem was zu schaffen haben möchte«, erklärte ich. »Ich kenne das und weiß, wie das ist. Aber das gibt sich wieder. Ich bringe ihn mit zur Ausstellung, und ich weiß, dass er sich freuen wird, Sie wiederzusehen.«

Griff kümmerte sich um die Publicity und arrangierte im Vorfeld ein Interview mit einem BBC-Reporter, außerdem sollte am Abend der Eröffnung ein Filmbeitrag gesendet werden.

Ich spielte das als meine Trumpfkarte aus, um Jackie und die übrige Familie zur Vernissage zu locken.

»Hör zu, Jack, die Ausstellung wird ein Riesending«, schwärmte ich ihr am Telefon vor. »Du musst unbedingt kommen. Die BBC wird mich interviewen, und ich komme in den Sechs-Uhr-Nachrichten.«

»Wirklich? Wann?«

»Weiß ich noch nicht, aber ich gebe dir Bescheid, wenn der Termin steht.«

»Gut, mach das.«

Jackies Zweifel waren nach wie vor nicht zu überhören. Aber ich blieb hartnäckig. Es war mir egal, ob ich mich wiederholte oder verzweifelt klang, ich ließ nicht locker und wollte, dass sie verstand, worum es mir ging.

»Hör zu, Jack«, sagte ich. »Ich weiß, ich war jahrelang ein komplettes Arschloch, ich weiß, ich hab euch alle enttäuscht, aber das hier ist meine Chance, mich bei euch allen zu entschuldigen und zu zeigen, dass ich mich geändert habe. Ich will wieder zur Familie gehören und nicht nur mit dir telefonieren.«

»Das verstehe ich«, antwortete Jackie nachdenklich. »Es ist nur … es hat sich eben ziemlich viel aufgestaut. Es ist alles so lange her, John, und mir geht eine Menge im Kopf herum.«

»Ich weiß, aber du musst mir vertrauen, Jack, wenigstens dieses eine Mal. Du musst hier sein. Wie gesagt: Ich will, dass du und Johnny und deine Töchter kommen; ich will, dass Malcolm und David mit ihren Frauen und Kindern kommen … na ja, sie sind ja längst keine Kinder mehr, aber du weißt schon, was ich meine. Rufst du sie an? Sagst du ihnen, um was es geht, bringst du sie mit? Ich weiß, du kannst das, Jack. Ich weiß, du kannst sie überreden.«

Jackie hatte zweifellos Angst vor einem weiteren Reinfall, schließlich erklärte sie sich aber doch bereit, mit Malcolm und David zu sprechen.

»Danke, Jack«, sagte ich erleichtert. Ich hatte so lange davon geträumt, dass das alles wahr würde, und verließ mich jetzt ganz auf Jackies Unterstützung.

Am nächsten Tag rief sie tatsächlich bei Malcolm und David an und bat sie, im Familienkreis Bescheid zu geben.

Ich telefonierte jetzt mehrmals in der Woche mit ihr, und die Gespräche liefen immer gleich ab.

»Wie geht's David? Wie geht's Malcolm?«, fragte ich. »Übrigens, Jack, kommen sie zur Ausstellung?«

»Ich weiß es nicht«, antwortete sie. »Die beiden haben wahnsinnig viel zu tun, ehrlich.«

Ich verstand, dass Jackie mir keine falschen Versprechungen machen und mich auch nicht enttäuschen wollte. Trotzdem war ich zuversichtlich, dass es sich am Ende lohnen würde, wenn ich ihr weiterhin in den Ohren lag.

Zudem besuchte ich regelmäßig Les und erzählte ihm alles. Er kochte für mich und war mir wie immer eine große Unterstützung, aber je näher die Ausstellung rückte, desto mehr verschlechterte sich sein Zustand. Mittlerweile war er nur noch Haut und Knochen. Er war erst zweiundsechzig, aber ich wusste, dass es wohl bald mit ihm zu Ende gehen würde.

»Du wirst es ihnen zeigen«, sagte er. »Deine Familie wird stolz auf dich sein.« Les immerhin war jetzt schon stolz auf mich und hatte mir gesagt, dass es ihn aufmunterte, wenn er so viel über die anstehende Ausstellung hörte. Er hatte mich die ganze Zeit unterstützt, jetzt versprach er, solange durchzuhalten, um meinen Erfolg am Abend der Vernissage noch mitzuerleben.

»Du hast es verdient«, sagte er. »Ich bin felsenfest davon überzeugt, dass du Erfolg haben wirst. Nur Gutes wird von der Ausstellung kommen.« Es war wunderbar, jemanden zu haben, der so vorbehaltlos für mich da war. Seine Worte trieben mich zur Arbeit an, damit ich alle Zeichnungen fertigstellte.

Les' Krankheit und sein gebrechlicher Zustand erinnerten mich aber auch daran, wie kurz das Leben sein kann. Würde ich weiterhin Schindluder mit meinem Körper treiben, würde ich bald so aussehen wie er. Schließlich packte ich den Stier bei den Hörnern und besorgte mir eine Überweisung, um endgültig von meiner Drogensucht loszukommen. Ich schaffte es, einen Arzt aufzusuchen und mich für ein Programm anzumelden. Es fühlte sich wie das letzte Teil eines Puzzles an, das endlich an seinen Platz rutschte. Die kurzfristigen Schmerzen wären es wert, denn ich wusste, dass Les recht hatte. Es würde mit meinen Leben immer weiter bergauf gehen, und ich wollte es mir diesmal nicht wieder kaputt machen. Das redete ich mir unaufhörlich ein, während ich die Qualen des Entzugs durchstand – die kalten Schweißausbrüche, die Kopfschmerzen, die schrecklichen Schmerzen im Rücken und in den Beinen.

Außerdem trug ich nicht nur für meine Zukunft die Verantwortung, sondern auch für die von George, und wenn ich ihn wirklich liebte, musste ich das jetzt kompromisslos durchziehen. Jeden Tag kämpfte ich erneut gegen die Symptome an. Es war die schmerzhafteste Erfahrung, die ich in meinem Leben gemacht hatte. Sollte jemand wirklich so verrückt sein und in Betracht ziehen, Drogen zu nehmen, dann sei ihm gesagt, dass das nur ein langer, langsamer Weg zum Selbstmord ist – lasst es bitte sein.

23

Am Tag der Vernissage war ich mit den Nerven fix und fertig. Monatelang hatte ich Griff erzählt, was für ein Wahnsinnserfolg sie werden würde. Ich sah meinen Namen schon in Hollywood erstrahlen. John und George würden Superstars werden, und der Film über meinen kometenhaften Aufstieg von den Niederungen der Straße zu den Gipfeln der Kunstwelt würde in einem Jahr in den Kinos anlaufen. Mein Optimismus und Enthusiasmus kannten keine Grenzen, während Griff derjenige war, der alles sehr viel zurückhaltender einschätzte.

In den letzten Stunden vor der Eröffnung tauschten wir nun die Rollen, plötzlich war ich derjenige, der zweifelte und unglaublich nervös war, während Griff alles beschwingt und positiv anging und mich aufzumuntern versuchte.

»Was, wenn bloß eine Handvoll Leute auftaucht?«, sagte ich zu Griff.

»Es werden sehr viel mehr werden, John«, antwortete er munter, obwohl er ganz offensichtlich genauso unter Druck stand wie ich.

Am Nachmittag marschierte ich noch los, um mir was Neues zum Anziehen zu kaufen.

»Du musst dich nicht so in Schale werfen«, sagte Griff.

»Ich bin kein Penner«, antwortete ich und zwinkerte George zu. »Ich werde mir für den Anlass doch ein paar schicke Klamotten kaufen dürfen.«

Wahrscheinlich sah mich Griff schon als verschrobenen, schreiend gekleideten Dandy vor sich, aber ich besorgte mir nur neue Turnschuhe und eine anständige Fleece-Jacke. Und ich kaufte Gary ein neues Outfit, damit er auf meine Familie einen guten Eindruck machte.

Die BBC hatte mich die ganze Woche über in der High Street gefilmt, der Beitrag sollte am Tag der Vernissage gesendet werden. An einem Tag ließen sie mich unter der Eisenbahnbrücke Platz nehmen, weil es regnete, und dann wurde ich unter einem Regenschirm vor die Village Underground Wall platziert, wo ich mich mit Martin Ron, einem argentinischen Künstler, unterhielt.

»Wir sollten jetzt über Kunst reden«, sagte ich zu ihm mit einem nervösen Lächeln. »Aber wir können einfach jeden x-beliebigen Mist quatschen, das merken die doch sowieso nicht.«

Das sagte ich, als die Kamera lief, und Martin fing ebenfalls zu lachen an, was der Situation die Anspannung nahm. Das alles war schließlich neu für mich, und ich fühlte ich wie ein Fisch auf dem Trocknen.

Am Abend der Ausstellungseröffnung, um achtzehn Uhr, wurde der BBC-Beitrag im Fernsehen gesendet. Ich sah ihn mir mit George in meiner Wohnung an und fühlte mich ziemlich unwohl dabei – jedenfalls wesentlich unwohler als während der Dreharbeiten.

»Was hab ich da bloß gemacht?«, sagte ich zu George. »Ich wollte doch nie so im Rampenlicht stehen.«

»Und nach der Show wird dir dein Wunsch auch erfüllt«, schien sein Blick mir zu sagen.

In den Wochen vor der Ausstellung war ich ebenfalls von mehreren Lokalblättern und Zeitschriften interviewt worden.

Manchen Journalisten hatte ich erzählt, dass ich seit gut zwanzig Jahren kaum Kontakt zu meiner Familie gehabt hatte, allerdings ging kein Artikel näher auf meine Familiensituation ein. Mit großem Bangen sprach ich von der erhofften Familienzusammenführung, aber trotz meiner Bemühungen um Jackie wusste ich immer noch nicht, ob sie wirklich auftauchen würden.

Nach der BBC-Sendung dachte ich über meine Vergangenheit nach. Viel Wasser war in den sechzehn Jahren seit der letzten Begegnung mit meiner Familie die Themse hinuntergeflossen. Damals, kurz nach Gerrys Beerdigung, als ich alle zum letzten Mal gesehen hatte, war ich fünfundzwanzig gewesen. Würden sie kommen? Ich hatte keine Ahnung. Würde überhaupt jemand kommen? Mir brach schon der Schweiß aus, bevor ich überhaupt die Wohnung verließ.

Ich würde eine kleine Rede halten müssen, und jetzt schwirrte mir alles Mögliche durch den Kopf. Es gab so vieles, was ich loswerden wollte. Ich wollte erklären, warum ich die alten Gebäude zeichnete, solange sie noch standen – warum sie mich faszinierten, während Shoreditch einen so rapiden Wandel durchlief. Ich wollte davon reden, dass ich der Gesellschaft etwas zurückgeben wollte, nachdem ich mich viele Jahre lang nur als unverbesserlicher Dieb hervorgetan hatte. Ich hatte vor Kurzem einige meiner Arbeiten UNICEF und der Big Issue Foundation gespendet, was Tausende von Pfund eingebracht hatte, und ich hatte vor, weiterhin in dieser Richtung tätig zu sein. Ich wollte allen Streetart-Künstlern danken, die mir durch ihre Zusammenarbeit so großen Respekt erwiesen hatten.

Dann musste ich noch auf Garys Wiedervereinigung mit seinem Dad eingehen, und schließlich war natürlich Griff zu danken. Es gab so vieles, an das ich denken musste. Und wie sollte ich mit Malcolm und David und Jackie zurechtkommen, wenn sie wie durch ein Wunder wirklich auftauchen sollten? Wie würde es sein, wenn die Familie wieder zusammenfand, hier bei diesem für mich außergewöhnlichen Ereignis?

Bevor ich zur Galerie aufbrach, saß ich mehrere Minuten still auf dem Sofa und versuchte mich zu beruhigen. George drückte sich an mich, als wollte er mir zeigen, wie nah er mir war und dass ich mich auf seine Unterstützung verlassen konnte.

»Wem mache ich hier was vor?«, dachte ich.

Es gab allerdings einen Menschen, von dem ich wusste, dass er definitiv nicht da sein würde. Traurigerweise war Les einen Monat vor der Eröffnung friedlich zu Hause in seinem Sessel gestorben. Ich wusste, er hätte die Ausstellung gern noch miterlebt, insgeheim aber war ich auch erleichtert – seine Zeit war gekommen, und ich hatte nie gewollt, dass er meinetwegen länger ausharrte und länger leiden musste. »Was würde Les jetzt sagen?«, fragte ich George, als ich mich erhob.

»Das ist dein Abend«, lautete die Antwort. »Also genieß ihn gefälligst, verdammt noch mal.«

Genau das hätte Les mir gesagt, und mehr musste ich nicht wissen. Les hatte mich immer nur positiv beeinflusst, und ich wollte alles tun, damit er stolz auf mich sein konnte.

Als ich bei der Galerie ankam, fühlte ich mich wie ein im Scheinwerferlicht geblendetes Kaninchen. Schon von Weitem sah ich die lange Schlange draußen auf dem Bürgersteig. Es hatte etwas Surreales an sich, denn genau dahinter lag der Schaltkasten, mein üblicher Platz auf der Straße. Ein Typ mit einem Flyer in der Hand stand dort und wartete darauf, die Straße überqueren zu können. Alles erschien mir so bizarr, dass ich gar nicht fassen konnte, was sich hier wirklich abspielte. Ein großer Querschnitt der Bevölkerung von Shoreditch war versammelt. Hipster standen neben Obdachlosen, Finanzangestellte aus der City neben Fashionistas, Bauarbeitern, Studenten, anderen Künstlern – sie alle waren gekommen. Es war, als hätten sich alle mir zuliebe zusammengetan – genauso hatte ich mich auf der Straße immer gefühlt. Wenn sie mir kein Bild abkauften, legten sie George eine Münze in den Becher, damit wir beide über die Runden kamen. Jetzt folgten sie mir auf die andere Straßenseite und waren immer noch für mich da. Ich war ihnen allen unendlich dankbar; es war einfach überwältigend.

Es wurden Getränke ausgeschenkt, Kameraleute und Fotografen zerrten mich hierhin und dorthin. In meiner Erinnerung ist alles etwas verschwommen, ich sehe nur noch das Blitzlichtgewitter und die Journalisten vor mir, die mir Aufnahmegeräte unter die Nase hielten. Der BBC-World-Reporter Tom Donkin drehte und führte ein Interview mit mir. Tom ist seitdem ein guter Freund geworden, einer der vielen seit der Ausstellung, aber an dem Abend war er nur einer von den vielen, die aus der bescheidenen Kunstausstellung in einem heruntergekommenen alten Gebäude eine glamouröse Vernissage gemacht hatten. »Was soll das alles?«, ging mir immer wieder durch den Kopf. »Hier geht es um dich, John Dolan, du stehst hier im Mittelpunkt.«

George wirkte ebenso verdutzt. Er sah sich alles an, als wollte er sagen: »Was zur Hölle treiben die alle hier – und warum hängen da fünfzig fast gleiche Zeichnungen von mir an der Wand?«

Der Raum sah fantastisch aus. An jeder Wand hingen meine Arbeiten. Wir hatten insgesamt vierzig Collabs, an manchen hatten drei oder vier Künstler mitgewirkt. An einem Ende, von Scheinwerfern bestrahlt, hingen fünf große Gebäudezeichnungen, die kleinen George- und High-Street-Arbeiten füllten eine ganze Seitenwand, und ihnen gegenüber hingen die Collabs. Die Wiederholungen erzeugten eine verblüffende Wirkung.

Ich sah, wie Griff Bilder von links, von rechts und aus der Mitte verkaufte, während ich mit den Reportern redete. Ich versuchte mich durch den Raum zu kämpfen, aber das war nicht leicht; zweihundert Menschen drängten sich hier drinnen, und weitere zweihundert standen draußen und warteten, eingelassen zu werden.

Und während sich das alles hier abspielte, hielten draußen vor der Tür drei Taxis an. Ich bekam davon überhaupt nichts mit, aber die Insassen waren äußerst erstaunt über den Anblick, der sich ihnen bot. Insgeheim hatten sie nämlich erwartet, dass alles sehr viel ruhiger und sehr viel bescheidener ablief.

Ich muss mich fest kneifen, während ich das schreibe, weil ich es immer noch kaum glauben kann. Aus den Taxis stiegen Jackie und ihre Töchter Natalie und Emily, Malcolm und seine Frau Gaye mit ihren beiden Töchtern Angel und Jessie sowie David mit seiner ältesten Tochter Vicky und deren Mann.

Sie betraten zusammen die Ausstellung und wussten gar nicht, wie ihnen geschah. Sie hatten angenommen, dass vielleicht ein halbes Dutzend Leute höflich an ihrem Wein nippten. Sogar das hätte ich für mich, dem schwarzen Schaf der Familie, als großen Erfolg verbucht.

Als Erstes entdeckte ich Jackie und ihre Töchter und fiel ihnen in die Arme. Ich musste mich durch die Menge drängen, um die anderen Familienmitglieder zu begrüßen. Es rührte mich sehr, sie jetzt nach so vielen Jahren alle wiederzusehen, aber es war nicht unbedingt das, was man sich unter einer großen Familienzusammenführung vorstellt. Es war einfach überwältigend, sie alle hierzuhaben, mitten in der Ausstellung, und wahrscheinlich konnte keiner von uns fassen, was sich wirklich abspielte. Noch jetzt kommt mir alles wie ein Traum vor, wie nicht ganz von dieser Welt. Am besten lässt er sich vielleicht so beschreiben: Ich weiß, dass es wirklich geschehen ist, obwohl es sich eher anfühlt, als hätte ich mir alles nur eingebildet.

Malcolm und David hatten sich kaum verändert, und als sie den Mund aufmachten, schmolzen die Jahre einfach so dahin.

»Was? Du hast das alles gemacht?«, fragte Malcolm und betrachtete die Collabs, die eine Menge Aufmerksamkeit auf sich zogen.

»Nicht ganz. Ich werde es euch erklären«, antwortete ich.

Ich führte sie durch die Ausstellung und erzählte von den Treffen mit ROA, Thierry Noir und Stik, wie aufgrund dessen immer mehr Künstler bereit waren, mitzumachen. Malcolm schien ehrlich beeindruckt, und dann ertönte hinter mir plötzlich Davids Stimme. Ich fuhr herum und hörte, wie er Griff rotzfrech fragte: »Beklaut er dich, Kumpel?«

»Solltest du nicht lieber John fragen, ob ich ihn beklaue?«, erwiderte Griff nur lachend.

Endlich konnte ich David für seinen Verdienstorden gratulieren. Ich erzählte ihm, dass ich in den Fernsehnachrichten davon erfahren habe und wie sehr es mich freuen würde, was er für andere geleistet hatte. Deswegen, fuhr ich fort, hätte ich ebenfalls beschlossen, mit Wohltätigkeitsorganisationen zusammenzuarbeiten.

»Christie's hat bei der Versteigerung der UNICEF-Zeichnung Tausende von Pfund eingenommen«, sagte ich. »Darauf bin ich sehr stolz. Ich will mehr solche Sachen machen.«

Er grinste nur. »Da kannst du dir auch was drauf einbilden. Darum geht es doch.«

Ich hätte heulen können, ehrlich. Jahrelang hatte ich mir nichts sehnlicher gewünscht, als dass meine Familie stolz auf mich ist, und vor nicht allzu langer Zeit hatte ich die Hoffnung fast schon aufgegeben. Jetzt war es mir endlich geglückt – noch dazu auf so spektakuläre Art und Weise.

Als es für mich an der Zeit war, ein paar Worte zu sagen, drängten sich die Besucher auf die alte Treppe am Ende der Galerie, um besser sehen zu können. Es wurde still im Raum, und ich spürte alle Blicke auf mir. George war an meiner Seite, wie immer ganz gelassen und gefasst.

Ich begann damit, das Konzept der Collabs zu erklären, und so weit ich mich erinnern kann, sprach ich von meiner Hoffnung, dass meine Bilder von der Straße den Menschen die Augen öffnen würden für ihre Umgebung.

Dabei fiel mein Blick auf Jackies älteste Tochter Natalie. Als ich sie das letzte Mal gesehen hatte, war sie ein kleines Mädchen gewesen, mittlerweile war sie zu einer hübschen jungen Frau herangewachsen. Sie hier zu sehen erfüllte mich mit so großer Freude, dass mir fast die Tränen kamen. Ich musste mich schwer zusammenreißen, um fortfahren zu können. Das Gleiche passierte, als ich Davids Tochter Vicky entdeckte. Ich hatte sie das letzte Mal als Teenager gesehen, jetzt war sie eine erfolgreiche Steuerberaterin.

»Wir werden uns dann mal über deine Steuer unterhalten müssen«, sagte sie später, als wir miteinander plauderten, mit einem Lachen. Es war faszinierend, die Kinder – meine Neffen und Nichten – als Erwachsene zu sehen.

Auch Garys Dad war anwesend, und obwohl ich mit den beiden nur wenig Zeit verbringen konnte, wusste ich, dass auch sie sich nach ihrer langen Trennung wieder die Hand gereicht hatten. Das war mir sehr wichtig, denn ich wollte mit meiner Kunst doch so viel mehr, als nur ein paar Pfund für mich und George zu verdienen. Wie David schon gesagt hatte, als ich von meiner Arbeit für Wohltätigkeitsorganisationen gesprochen hatte: »Darum geht es doch.« Der Abend war für mich ein Wendepunkt, und ich wollte diese Veränderungen im Positiven nutzen, um anderen zu helfen.

Auch ein lieber alter Freund von mir war da, Georgie Tricks. Er gehörte zu den Typen, mit denen ich im Alter von vierzehn

Jahren in die Werkstatt eines Automechanikers eingebrochen war. Er hatte seinen Sohn dabei, der unter Lernschwäche litt. Ich hatte einen Kloß im Hals, als ich Georgie jetzt zum ersten Mal seit über zwanzig Jahren wieder gegenüberstand, und war so gerührt, dass ich ihn fragte, ob ich für seinen Sohn irgendwas tun könne. Ich hätte ihm Geld für einen Besuch in Disneyland oder sonst etwas in der Art gegeben, so nahe ging mir das Wiedersehen mit ihm. Georgie wusste mein Angebot zu schätzen, musste aber ablehnen, da sein Sohn nicht fliegen durfte. Außerdem brauchte Georgie keine Hilfe, weder von mir noch von irgendjemand anderem. Er hatte Tracy, seine Freundin aus Kindertagen, geheiratet und einen guten Job in einer Werbeagentur. Ich freute mich für ihn und wusste, dass das auch für Dot gegolten hätte. Sie war eng mit Georgies Mutter Annie befreundet gewesen, und die beiden hatten damals aus Sorge um uns viele schlaflose Nächte verbracht. Wahrscheinlich wären Dot und Annie mächtig stolz darauf gewesen, dass aus Georgie und mir doch noch was geworden war.

Irgendwann an dem Abend ging ich nach draußen, um frische Luft zu schnappen. Drinnen drängten sich die Besucher, und mir war nicht nur heiß, ich stand auch unter großem emotionalem Druck, nachdem Vergangenheit und Gegenwart auf diese Weise aufeinandergeprallt waren.

»Alles in Ordnung?«, fragte Georgie, der ebenfalls mit nach draußen gekommen war.

»Ich glaube, ich stehe unter Schock«, sagte ich. »Ich komme mir vor wie ein Fremder in einem fremden Land.«

Ich weiß nicht, ob Georgie irgendetwas darauf erwidern wollte, jedenfalls kam er nicht dazu, weil wir von einer Frau unterbrochen wurden. »John, kennst du mich noch?«

»Natürlich«, sagte ich. »Du bist doch Sarah!«

Als ich sie das letzte Mal gesehen hatte, war sie noch ein Teenager gewesen, jetzt erkannte ich sie aber gleich wieder: Sarah war Jimmy Dolans älteste Tochter.

»Wir haben dich in den Nachrichten gesehen«, erklärte sie. »Dad hat sich die ganze Zeit gefragt, wo du abgeblieben bist.«

Ich erkundigte mich nach Jimmy. Sarah erzählte, dass ihm wegen seiner Diabetes ein Bein amputiert worden war. Ich drückte mein Bedauern aus, versicherte ihr, dass ich in Kontakt bleiben wollte, und hätte gern noch gefragt, ob Jimmy nach mir gesucht habe, ließ es aber bleiben. Hunderte Fragen gingen mir durch den Kopf, aber ich war an einem Punkt angelangt, an dem ich nichts mehr aufnehmen konnte. Wir würden uns irgendwann unterhalten; für diesen Abend war es genug.

Um zehn Uhr konnte ich es nicht mehr erwarten, nach Hause zu kommen. Ich war körperlich und emotional völlig erschöpft und mit den Nerven am Ende. Ich musste mit George allein sein, um alles zu verarbeiten.

Erst am folgenden Tag erfuhr ich, wie viel verkauft worden war, und erst dann konnte ich die Bedeutung des Tages richtig ermessen.

Sämtliche Zeichnungen von George und der High Street waren an dem Abend für zwanzig bis fünfzig Pfund verkauft worden, daneben dreißig Collabs zu Preisen zwischen 500 und 3500 Pfund. Der Gesamtwert betrug 35 000 Pfund, sodass wir mit den 15 000 Pfund aus den Vorverkäufen insgesamt fünfzig Riesen eingenommen hatten.

Fünfzig Riesen! Das konnte doch eigentlich gar nicht sein! Aber das Geld war mir bei Weitem nicht so wichtig wie die Begegnung mit meiner Familie.

»Als das Taxi am Randstein anhielt und ich so viele Leute sah, hat mich das unheimlich stolz gemacht«, hatte David mir erzählt. Das war ein ganz und gar unglaublicher Moment in meinem Leben; er hätte nichts Schöneres sagen können. Jahrzehntelang war ich der Fluch meiner Familie gewesen, endlich hatte sich das geändert. Dass mein älterer Bruder das anerkannte, bedeutete mir wahnsinnig viel. Zu diesem Zeitpunkt hätte ich getrost ins Grab fahren können, schließlich hatte ich endlich erreicht, was ich mir ein Leben lang vorgenommen hatte.

»Ich hab dir doch gesagt, ich werde es schaffen«, sagte ich schließlich zu George, der mich eindringlich musterte, während mir diese und ähnliche Gedanken durch den Kopf gingen.

»Meine Familie ist stolz auf mich, und wir haben fünfzig Riesen eingenommen!«, sagte ich und gab ihm einen Klaps. »Wer hätte das gedacht?«

George wiederum sah mich ebenso schief an wie an dem Tag, an dem mir Griff von den Vorverkäufen erzählt hatte, und machte dabei ein Gesicht, als wollte er sagen: »Und wann bekomme ich meine Hälfte?«

Ich nahm ihn in die Arme und drückte ihn ganz fest. Er hatte mehr als die Hälfte verdient. Ich hatte George schlicht und ergreifend alles zu verdanken.

Epilog

Beim Schreiben dieses Buches haben sich mir irgendwann zwei große Fragen gestellt: Ab wann ist alles so schiefgelaufen … und ab wann alles so richtig?

Acht Monate sind seit der Ausstellung vergangen, und immer noch spüre ich die heftigen Verwerfungen, die mein Leben von Grund auf umgekrempelt haben.

Wie gesagt, die Ausstellung war für mich nicht nur eine Möglichkeit, um Geld zu verdienen und meine und Georges Zukunft abzusichern. Ich wollte auch im Leben von anderen etwas zurücklassen, ich wollte andere Obdachlose, andere Menschen mit ähnlichen Problemen ermuntern und ermutigen.

Für mich war es ein großes Geschenk, dass man mir die Möglichkeit gab, dieses Buch zu schreiben. Ich habe dadurch die Gelegenheit erhalten, aus meiner Vergangenheit zu berichten und zu erklären, wie ich die Kurve doch noch gekratzt habe. Ich hoffe aufrichtig, dass jeder, der einen besseren Start ins Leben erwischt hat, verstehen kann, dass es bei anderen eben manchmal nicht so gut läuft. Shit happens – wie man so sagt.

Ich wurde nicht als schlechter Mensch geboren. Meine Gene haben mich nicht automatisch zu einem Einbrecher, zu einem Drogenabhängigen oder Obdachlosen gemacht. Wie so vielen anderen Menschen auf der Welt wurde mir einfach ein mieses Blatt ausgeteilt, und ich habe lange gebraucht, bis ich den Kartenstapel neu gemischt und mein Leben in den Griff bekommen habe.

Ich gebe niemandem die Schuld. Vielen geht es sehr viel schlechter als mir, und ich habe gelernt, dass das Leben letztlich das ist, was man daraus macht – egal, welches Blatt einem zugeteilt wurde. Man muss nach seinen Talenten Ausschau halten – wir haben alle welche –, und man muss sich auf seine Fertigkeiten verlassen, um sich aus dem Sumpf zu arbeiten, wieder und immer wieder, wenn es nötig sein sollte.

Im Rückblick kann ich es kaum glauben, dass ich die Dreistigkeit oder den Mut hatte, im Lauf der Jahre so viele Einbrüche zu begehen. Ich bilde mir bestimmt nichts ein auf meine kriminelle Laufbahn, aber wenn ich heute daran denke, in was für eine Scheiße ich mich damals geritten habe, dann muss ich manchmal laut lachen.

Als ich jünger war, versuchte ich mir einzureden, dass ich mit meinen Verbrechen niemandem geschadet habe, aber so sehe ich das nicht mehr. Es gibt kein Verbrechen ohne Opfer, selbst wenn man nur einen verdammten Dunkin'-Donuts-Laden ausräumt.

Als Griff und ich die Ausstellung organisierten, habe ich ihm immer wieder gesagt, dass wir etwas zum Gemeinwohl beitragen müssen. Ich bin fest davon überzeugt, dass das, was man gibt, letztlich wieder auf einen zurückfällt. Als ich selber auf der Straße lebte, hatte ich von der Wohltätigkeit anderer profitiert, und jetzt wollte ich der Gesellschaft etwas zurückgeben.

Die wohltätige Arbeit für UNICEF und die Big Issue Foundation soll erst ein Anfang sein. Ich habe ebenfalls Centrepoint durch ein Kunstwerk bei einer Versteigerung für wohltätige Zwecke unterstützt und vor Kurzem auf lokaler Ebene an einem

Kunstprojekt mit dem Museum of London teilgenommen. Langfristig möchte ich global tätige Wohltätigkeitsorganisationen unterstützen und Menschen in Indien helfen, die noch nicht einmal Zugang zu grundlegender medizinischer Versorgung oder Trinkwasser haben, geschweige denn ein Dach über dem Kopf.

Nach dem Erfolg meiner Ausstellung gründete Griff die Howard Griffin Gallery mit festem Sitz in der Shoreditch High Street 189. Ende diesen Jahres werden Griff und ich eine Ausstellung in Los Angeles organisieren. Sie wird der Ausstellung in London gleichen, die Motive, die als Grundlage für neue Collabs fungieren, stammen allerdings aus L.A. Ehrlich gesagt, stockt mir immer noch der Atem – es kommt mir so verdammt unwirklich vor! Es ist für mich nach wie vor ein Wunder, dass ich überhaupt einen Pass und das Geld habe, um in die USA zu fliegen, von einer Kunstausstellung dort ganz zu schweigen.

Meine Schwester Jackie wurde in diesem Jahr fünfzig, und ich war zu ihrer Party in einem angesagten Lokal in der Chancery Lane eingeladen.

»Du kommst doch, oder?«, hatte mich Malcolm vorher gefragt.

»Wer wird denn da sein?«

»Familie und Freunde«, antwortete er. »Du musst unbedingt kommen!«

Von einem Gespräch wie diesem hatte ich früher nur träumen können, und natürlich kam ich zu dem Fest.

Jackie sah toll aus, und es war nicht nur die Familie zusammengekommen, sondern es waren auch viele Bekannte da, alte Schulfreunde und andere, die ich noch aus dem President House kannte.

Genau wie bei der Ausstellung gab es für mich eine Menge aufzuarbeiten. Viele wussten von meinen Problemen in der Vergangenheit, weshalb ich etwas nervös war und mir Sorgen machte, was sie über mich sagen würden. Natürlich hätten sie mittlerweile auch viel Gutes über mich erzählen können, aber dessen war ich mir eben nicht sicher.

Ich blieb nicht lange, entschuldigte mich und brach relativ früh wieder auf. Das hier ist keine schmalzige Hollywood-Version meines Lebens, ich will auch nicht so tun, als würde es ein perfektes Happy-End geben, so ist es nämlich nicht. In Wirklichkeit braucht es seine Zeit, die Brücken wiederaufzubauen, die ich im Lauf der Jahre hinter mir abgerissen habe, aber ich bin dankbar, dass ich überhaupt die Möglichkeit dazu habe. Das werde ich mir nicht nehmen lassen. Ich habe meine Lektion gelernt.

George schlief, als ich an dem Abend nach Hause kam. Ich setzte mich vor ihn hin, beobachtete ihn lange und dachte daran, was geschehen wäre, wenn wir uns nicht über den Weg gelaufen wären.

Es wollte mir einfach nicht in den Kopf. Wie konnte ein Staffordshire-Terrier mein Leben so sehr verändern wie er? Es war völlig abgefahren, aber schlicht und ergreifend die Wahrheit.

Ich bin George unendlich viel schuldig, und ich hoffe, er weiß, wie sehr ich ihn liebe.

Dank

Ich danke allen Künstlern überall auf der Welt, die mir die große Ehre erwiesen haben, mit mir zusammenzuarbeiten.

2501 (Italien)
Agostino Iacurci (Italien)
Ben Wilson alias Chewing Gum Man (Großbritannien)
Broken Fingaz Crew (Israel)
BRK (Spanien)
C215 (Frankreich)
CEPT (Großbritannien)
Christiaan Nagel (Südafrika)
Cityzen Kane (Großbritannien)
David Walker (Großbritannien)
Dscreet (Australien)
Ekta (Schweden)
Flying Förtress (Deutschland)
Gold Peg (Großbritannien)
Gaia (USA)
Hitnes (Italien)
Ian Stevenson (Großbritannien)
Kid Acne (Großbritannien)
Know Hope (Israel)

Liqen (Spanien)
MadC (Deutschland)
Malarky (Großbritannien)
Martin Ron (Argentinien)
Maser (Irland)
Michael De Feo (USA)
Pablo Delgado (Mexiko)
Pelucas (Spanien)
Pez (Spanien)
ROA (Belgien)
Ronzo (Deutschland)
Rowdy (Großbritannien)
RUN (Italien)
Sever (USA)
Steve ESPO Powers (USA)
Stik (Großbritannien)
Swet (Dänemark)
The London Police (Großbritannien)
The Rolling People (Großbritannien/Spanien)
Thierry Noir (Frankreich)
Zomby (Großbritannien)

Neben diesen Künstlern haben mich viele auf dieser Reise begleitet; ohne sie wäre das alles für mich und George überhaupt nicht möglich geworden.

Dank an David Burns, der mir das Dach auf seinem Büro zur Verfügung stellte, auf dem ich die Shoreditch-Skyline zeichnen konnte, und Dank an Carina Claassens, die dafür sorgte, dass ich überhaupt dort hochkam. Besonderer Dank an Ron und Oren Rosenblum für ihre großzügige Spende zugunsten meiner Ausstellung in der Shoreditch High Street 189. Extra Dank an Hannah Zafiropoulos für ihre harte Arbeit, ihr Organisationstalent und ihre Suche nach der richtigen Location in Shoreditch. Dank an Dave und Paddy Evans sowie an Robin Phillips für ihre Hilfe beim Hängen der vielen Zeichnungen; ohne sie wären die Wände kahl geblieben. Dank an Gary Rixon für das Verteilen der Ausstellungsflyer in Shoreditch. Dank an Will Robson-Scott, Marcus Peel, Albert Thorne, Rob Weir und Tom Donkin für ihre wunderbare Arbeit hinter der Kamera. Dank an Silja Andersen von der The Big Issue Foundation und an Francesca Giorgi-Monfort und David Morris für ihre Hilfe und Geduld. Dank an alle, die die Vernissage besucht und dazu beigetragen haben, sie zu einem der schönsten Abende meines Lebens zu machen; weiterer Dank an alle, die an dem Abend eines der Werke erworben haben.

Dank an meinen Lektor Jack Fogg bei Random House und an das ganze Team, das an der Entstehung dieses Buches beteiligt war. Dank auch an Rachel Murphy für ihre Hilfe und Unterstützung.

Ein herzliches Danke von George und mir an die Einwohner von Shoreditch, die uns drei Jahre auf der High Street unterstützt haben. Wenn sie keine Zeichnungen kauften, legten sie eine Münze in Georges Becher, und wenn sie auch das nicht taten, hatten sie immer ein freundliches Wort für uns übrig.

Dank an Big Ben und Paul aus der Rainbow Sports Bar, die immer auf mich aufpassten, wenn am Freitagabend in Shoreditch die Verrückten am Feiern waren.

Und zum Schluss ein herzliches Dankeschön an Richard Howard-Griffin alias Griff. Ohne seine Freundschaft und sein Engagement wäre das alles nicht geschehen.

Bildnachweis

Das Foto auf Seite 1 oben, Seite 3 oben, Seite 7 unten sowie alle Fotos auf Seite 8 © Rob Weir.

Alle anderen Fotos mit freundlicher Genehmigung des Autors oder Richard Howard-Griffins.

Wir haben uns bemüht, sämtliche Rechteinhaber ausfindig zu machen. Sollte es zu Irrtümern oder Auslassungen gekommen sein, so bitten wir eventuelle Rechteinhaber, sich beim Verlag zu melden.

Sämtliche Illustrationen © John Dolan

Die Sonne ging unter, der Tag neigte sich dem Ende zu …
und John Dolan der Künstler und George der Hund lebten glücklich bis ans Ende ihrer Tage.